로직아이
새
③ 단계
노랑

펴내는 글 & 일러두기

로직 있는 아이를 위하여…

독서는 감동입니다. 감동은 집중력을 높여 줍니다. 어렸을 때 감동하면서 책을 읽은 아이들이 다른 일도 잘합니다.

독서는 핵심입니다. 핵심을 파악해야 발전합니다. 모든 사건에는 핵심이 있고 모든 일은 핵심을 중심으로 전개됩니다. 독서는 전체의 흐름과 핵심 파악에 도움을 줍니다.

독서는 꿈입니다. 독서는 꿈의 실현이 아니라 꿈을 꾸게 하는 다리입니다. 꿈을 꾸는 사람만이 꿈을 이룰 수 있습니다.

독서는 미래이고 희망입니다. 병들기 전에 병을 치료하는 일이 좋은 일이듯, 문제가 발생하지 않도록 하는 일이 중요합니다. 독서는 병들기 전에 치료하는 최고의 보약입니다.

〈로직아이〉는 모든 선생님과 학부모 그리고 대한민국 모든 아이들이 건강하고 행복하기를 기원합니다.

집필자들을 대신하여
(주) 로직아이 리딩교육원 원장 박우현

교재의 특징

▶ 이 교재는 오직 독서지도만을 위한 교재입니다. 그러나 이 교재의 사용은 자연스럽게 글쓰기 논술 실력도 늘게 합니다.
▶ 이 책에는 해당 책을 이용한 PSAT(공직 적격성 평가: 행정 고시, 기술 고시 1차 시험)와 LEET(사법 고시를 대신하는 법학 전문 대학원 입학시험 문제) 형식의 문제가 수록되어 있습니다. 아이들에게 대입 수능 시험 형식이나 고급 공무원 시험 형식에 대해 친근한 느낌을 갖게 할 것입니다.

교재 사용 방법

1. 이 교재를 사용하기 위해서는 반드시 가르치는 사람과 아이들은 해당 책을 읽어야 합니다. 그 후에 교재 속의 문제들을 풀면 그것만으로도 그 책을 다시 한번 읽는 셈이 됩니다.
2. 단계별로 구성되어 있기는 하지만 아이들의 성향이나 독서 능력에 따라 자유롭게 활용해도 무방합니다.
3. 각각의 교재는 6권의 책으로 구성되어 있지만, 그 순서는 교사나 학부모가 정할 수 있습니다. 아이들의 취향이나 선생님의 지도 방법에 따라 선택 지도할 수 있습니다.

<감사의 말씀> 이 교재 속에 수록된 텍스트와 이미지 사용을 허락해 준 모든 출판사에 감사드립니다.

목 차

방귀쟁이 며느리
4쪽

그 소문 들었어?
14쪽

화요일의 두꺼비
24쪽

학교에 간 사자
34쪽

황금 사과
44쪽

져야 이기는 내기
54쪽

방귀쟁이 며느리

신세정 글·그림 | 사계절

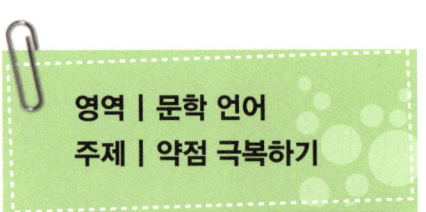

영역 | 문학 언어
주제 | 약점 극복하기

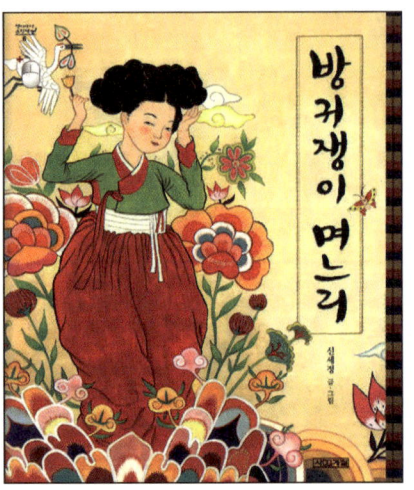

1. 일이 일어난 까닭과 일어난 일을 생각하며 이야기의 흐름을 정리할 수 있다.
2. 약점을 가지고 있는 사람들의 기분을 이해할 수 있다.

줄거리

사흘에 한 번씩 방귀를 뀌어야 하는 처자가 시집을 간 뒤 방귀를 참아 얼굴이 누렇게 변하자, 가족들이 방귀를 뀌도록 하여 준다. 며느리가 뀐 방귀에 집안이 풍비박산이 나자 가족들은 며느리를 친정으로 돌려보낸다. 친정으로 가던 며느리는 장사꾼들에게 방귀로 배를 따 주고 귀한 물건을 얻어 다시 시댁으로 간다. 며느리와 그 가족들은 그 물건을 팔아 부자가 된다.

도서 선정 이유

재미있는 옛이야기를 통해 자신이 가지고 있는 약점을 감추기보다는 유용하게 사용할 수 있는 곳을 찾아 잘 활용한다면 커다란 장점이 될 수 있다는 것을 일깨워 준다.

1 방귀를 한 번도 뀌어 보지 않은 사람은 없을 거예요. 여러분이 방귀를 뀌었을 때 주변 사람들이 무엇이라고 말하였는지 생각해 보고 발표해 보세요.

2 다음 설명에 맞는 단어를 보기에서 찾아 써 보세요.

보기

혼담   부랴부랴   처자   풍비박산   자자하다   솔깃하다

① 바람에 날려 우박이 흩어진다는 뜻으로 사방으로 날아 흩어짐.
--- ( )

② 남녀가 결혼하도록 하기 위해 양쪽 집안에서 오가는 말이나 의논.
--- ( )

③ 결혼하지 않은 성인 여자.
--- ( )

④ 여러 사람의 입에 오르내려 떠들썩하다.
--- ( )

⑤ 매우 바쁘게 서두르는 모양을 나타내는 말.
--- ( )

1 시집가기 전에 처자가 가지고 있던 혼자만의 비밀은 무엇인가요?

---

2 며느리의 얼굴이 누렇게 변한 까닭은 무엇인가요?

3 며느리는 방귀를 뀌기 전에 가족들에게 어떻게 하라고 시켰나요? OOO 안에 들어갈 말은 각각 무엇인가요?

"아버님은 OOO 저 놈을 꽉 붙잡고 어머님은 저기 OOO 꽉 붙잡고 서방님도 아무거나 꽉 붙잡고 계시오, 잉!"

아버님 : [　　　　]   어머님 : [　　　　]

4 가족들은 며느리를 왜 친정으로 돌려보내려 했나요?

---

5 시아버지와 며느리가 친정으로 돌아가다가 만난 사람들은 누구인가요?

6 며느리는 어떤 방법으로 배를 땄나요?

7 시아버지와 며느리가 다시 집으로 되돌아온 까닭은 무엇인가요?

8 며느리와 가족들은 무엇을 팔아서 부자로 살 수 있었나요?

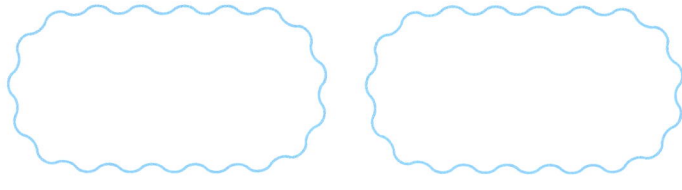

1 며느리는 계속 방귀를 참아서 얼굴이 누렇게 변했지요. 며느리는 왜 방귀를 참았을까요?

2 다음 문장의 ㉠ 대신 쓸 수 있는 말은?

> 참고 참고 또 참다 보니 갈수록 얼굴이 누렇게 변해 가지고는 그 뽀얗게 곱던 얼굴은 간데없고 누런 메줏덩이가 되었네 그려.
> "우리 며늘아기가, 뭔 음식을 잘못 먹었는가, 뭔 병이 들었는가. 얼굴이 누우런 것이 영 ㉠ <u>거시기허구나.</u>"

① 놀랍구나 ② 재미있구나
③ 신기하구나 ④ 화가 나는구나
⑤ 걱정스럽구나

3 며느리가 방귀 한 번 더 뀌었다가는 집터만 남게 생겼다 하여 시아버지는 며느리를 친정으로 돌려보내기로 했어요. 이때 며느리의 기분은 어떠했을까요?

4 시아버지와 며느리는 친정 가는 길에 장사꾼들에게 방귀로 배를 따 주고 귀한 물건을 얻었지요. 그때 시아버지의 마음은 어떠하였을지 말주머니를 채워 보세요.

5 시아버지와 며느리가 집으로 되돌아왔을 때 가족들과 며느리의 마음은 어떠했을까요?

책을 내 것으로 만드는 아이들

1 방귀 덕분에 며느리와 시아버지는 다시 집으로 되돌아왔지요. 그 뒤 며느리는 방귀를 어떻게 이용했을지 재미있는 일들을 상상해서 간단히 써 보세요.

2 며느리가 방귀를 심하게 뀐다 해서 가족들은 며느리를 친정으로 돌려보내기로 했어요. 가족들의 행동에 대해서 어떻게 생각하나요?

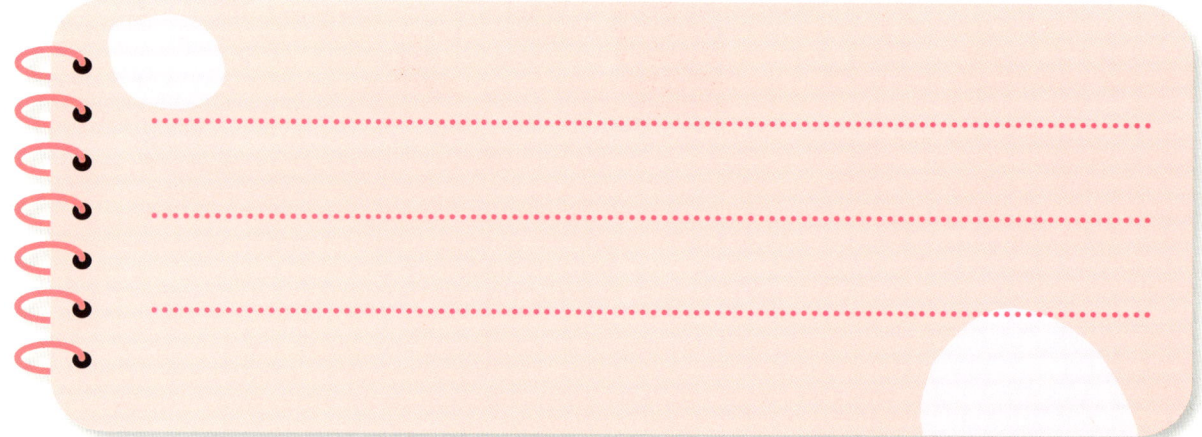

3 이 책에 나오는 며느리는 방귀를 잘 뀌지요. 여러분이 잘하는 것은 무엇인지 적어 보세요.

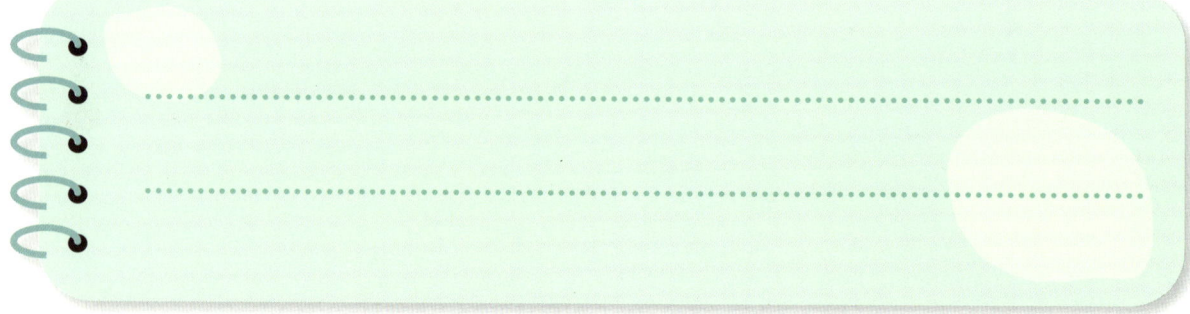

4 〈방귀쟁이 며느리〉에서 가장 재미있었던 장면을 떠올려 그림으로 그리고, 어떤 장면인지 내용을 간단히 적어 보세요.

| 가장 재미있었던 장면 |

| 장면 설명 |

1 다음 글로부터 알 수 있는 사실은?

한 처자가 있는디 참 고와.
아주 동네에 소문이 자자하지.
근디 이 처자가 말여, 방귀를 참말로 잘 뀌어.
사흘마다 한 번씩 시원하게 뀌어야지, 그렇지 않으면 견딜 수가 없지.
하지만 이건 비밀이여, 비밀.
근디 이웃 마을 부잣집 외아들이랑 혼담이 오가더니 이 처자가 그 집으로 시집을 가게 되었네.
시집을 가고 보니 어른들 앞에서든 신랑 곁에서든 방귀를 뀔 수가 있나.

본문에서

① 며느리는 시도 때도 없이 방귀를 뀌었다.
② 며느리가 시집에서는 몰래 방귀를 뀌었다.
③ 며느리는 가기 싫은데 어쩔 수 없이 시집을 갔다.
④ 며느리가 방귀를 잘 뀐다는 것은 부끄러운 일이다.
⑤ 며느리 동네 사람들은 며느리가 방귀를 뀐다는 사실을 잘 알고 있다.

아·이·들·을·위·한·P·S·A·T·와·L·E·E·T

 다음 글을 읽고 물음에 답하시오.(2~3)

> (가) 방귀를 멈추니 펄럭이던 시어머니는 문고리 놓고 탁 떨어져 버리고, 날아갔던 시아버지는 가마솥 짊어지고 닷새만인지, 엿새만인지 비실비실 들어왔더래. 집안이 풍비박산 났어.
>
> (나) 하루빨리 이 며느리를 돌려보내야지 방귀 한 번 더 뀌었다가는 집터만 남게 생겼거든.
>
> (다) 며느리가 성큼 다가가 말했지.
> "내가 그 배를 딸 수 있소. 저리 쪼께 비켜서시오. 잉."
>
> (라) 그러고는 배나무에다가 엉덩이를 대고, 뿌웅뽕빵뺑삥 방귀를 뀌어 대니 후두두둑, 배가 쏟아져 내리네.
>
> (마) "자, 여기 배를 따 드렸으니 얼마든지 잡수시고 짐이나 갈라 주시오."
> 그래서 그 귀한 물건들을 반씩, 반씩 갈라 받았네.
>
> (바) 그래, 왔던 길 되돌아 집으로 가서 비단이랑 놋그릇이랑 팔아 가지고 부자로 잘 먹고 잘살았더래.
>
> 📄 본문에서

2 글 (나)의 일이 일어난 까닭에 해당하는 글은?

① (가)   ② (다)   ③ (라)   ④ (마)   ⑤ (바)

3 위 글 전체의 내용에 알맞은 사자성어는?

① 풍비박산 : 사방으로 날아 흩어짐
② 조삼모사 : 간사한 꾀로 남을 속이고 농락함
③ 구사일생 : 여러 차례 죽을 고비를 넘기고 살아남
④ 어부지리 : 둘이 다투는 사이에 엉뚱한 사람이 이익을 가로챘다는 말
⑤ 새옹지마 : 인생의 운이 좋고 나쁨이나 화를 입고 복을 받는 것은 항상 바뀌어 그 누구도 앞날을 예측할 수가 없음

그 소문 들었어?

히야시 기린 글 | 쇼노 나오코 그림 | 김소연 옮김
천개의바람

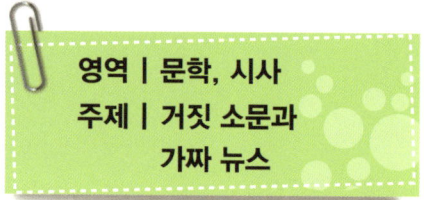

1. 소문이 퍼져 나가는 과정을 이해함으로써 거짓 소문의 위험성을 설명할 수 있다.
2. 사실을 확인하기 위해서는 진실을 찾는 노력이 필요함을 알 수 있다.
3. 사실에 대한 참과 거짓을 판단하기 위한 비판적 사고력을 키울 수 있다.

줄거리

　욕심 많고 뽐내기 좋아하는 금색 사자는 동물 나라의 왕이 되고 싶어 경쟁자인 은색 사자에 대한 거짓 소문을 퍼트린다. 선량하고 모범적인 은색 사자는 시간이 지나면 저절로 오해가 풀릴 것이라 생각하지만 소문은 점점 멀리 퍼져 나간다. 모두 같은 소문을 들었다는 이유로 거짓 소문은 사실로 둔갑해 버린다. 결국 금색 사자는 왕으로 뽑히고, 금색 사자의 폭정으로 동물 나라는 황폐해진다.

도서 선정 이유

　이 책은 거짓 소문이 어떻게 만들어지고 확대되는지를 간결하고 예리하게 풍자하고 있다. 보이지 않는 소문이 얼마나 큰 결과를 가져오는지를 보여 줌으로써 현대 사회의 문제 중의 하나인 가짜 뉴스에 대해 생각할 수 있다. 정보에 대한 진실을 알기 위해 정보가 참인지 거짓인지를 확인하는 노력이 중요하다는 것을 일깨워주는 유익한 도서이다.

1 표지에 있는 사자와 '소문'은 어떤 관련이 있을까요?

2 '그 소문 들었어?' 책 속에 나오는 낱말들입니다. 뜻풀이에 맞는 낱말들을 찾아 써 보세요.

> 쓴웃음 난폭 입방아 변두리 독재
> 이간질 황폐 방심 폭정

1. 행동이 몹시 거칠고 사나움. ( )
2. 어떤 지역의 가장자리가 되는 곳. ( )
3. 집, 땅, 산 등이 거칠어져 못 쓰게 됨. ( )
4. 어이가 없거나 마지못하여 짓는 웃음. ( )
5. 마음을 다잡지 아니하고 풀어 놓아 버림. ( )
6. 두 사람이나 두 나라 사이에서 서로를 헐뜯어 관계가 멀어지게 하는 일. ( )
7. 어떤 사실을 화제로 삼아 이러쿵저러쿵 쓸데없이 입을 놀리는 일. ( )
8. 사납고 악독한 정치. ( )

1 책에 대한 내용입니다. 사실인지 거짓인지 판단해 보세요.

책 내용	사실	거짓
① 금색 사자는 자신의 금빛 갈기를 뽐내는 것을 좋아한다.		
② 금색 사자는 은색 사자에 대한 소문을 스스로 확인해 보았다.		
③ 동물들은 은색 사자에 대한 나쁜 소문을 의심하지 않고 처음부터 믿었다.		
④ 금색 사자는 모든 동물들이 소문을 들을 때까지 계속 소문을 퍼트렸다.		

2 금색 사자는 왜 자신이 반드시 동물 나라의 왕이 되어야 한다고 생각했나요?

3 금색 사자는 자신이 왕이 되기 위해 어떻게 했나요?

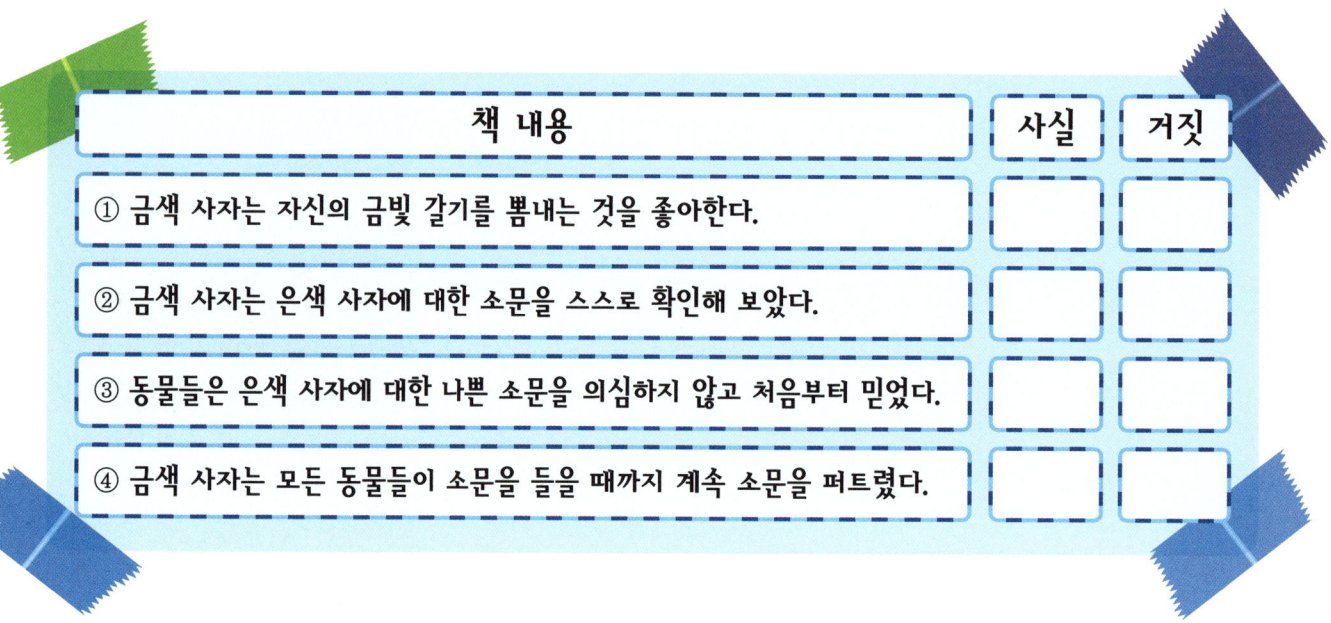

4 금색 사자가 거짓 소문을 퍼트린 상대는 누구였나요?

책·을·다·시·읽·는·아·이·들

5 은색 사자에 대한 동물들의 생각은 어떻게 달라졌나요?

소문을 듣기 전	소문을 들은 후
마음씨가 아주 곱고 착한 마음을 지녔다. 다른 동물들을 도와주고 배려해 주는 따뜻한 사자이다. 힘이 세지만 얌전하다.	

6 은색 사자에 대한 소문이 거짓임을 아는 동물은 누구인가요?

7 처음에는 소문을 믿지 않던 동물들이 점점 소문을 사실로 확신한 까닭은 무엇인가요?

8 금색 사자는 왕이 된 후 동물 나라를 어떻게 다스렸나요?

그 소문 들었어? | 17

1 책 속의 장면입니다. 무엇을 말하고자 하는 장면인가요?

2 ㉠과 같은 말은 어떤 점 때문에 문제가 되는 것일까요?

> "맞아요! 제가 어려서 둥지에서 떨어졌을 때도, 땀을 뻘뻘 흘리며 둥지로 돌려보내 주었어요. 그런 은색 사자가 나쁘다니, 뭔가 잘못된 거예요."
> 작은 새도 따라 외쳤습니다.
> ㉠ "그렇게 말하는 건 너희들뿐이야."
> "우리 모두가 알고 있는데, 아무 일도 없었을 리 없다고."
> "우리도 바로 얼마 전까지는 너희들처럼 은색 사자가 착한 사자라고 믿었는데 말이지."
>
> 본문 41쪽에서

책·을·깊·게·읽·는·아·이·들

3 은색 사자는 오해는 언젠가는 풀릴 것이라고 생각했는데 왜 그렇게 생각했을까요?

> 밑도 끝도 없는 소문에 은색 사자는 그저 쓴웃음을 지었을 뿐, 아무 말도 하지 않았습니다. 오해는 언젠가 반드시 풀릴 거라고 생각했기 때문입니다. 본문 42쪽에서

아래 대화를 읽고 답해보세요. (4~5)

> "나는 그저 은색 사자를 조심하라는 얘기에 주변 친구들에게도 가르쳐 줬을 뿐이야."
> "나도 그냥 걱정이 돼서 가족에게 알려줬을 뿐이야."
> "나도 조금 신경이 쓰여서 문자를 전달했을 뿐이야."
>
> 들판 구석에서 들쥐가 조용히 입을 열었습니다.
> "나는 어디선가 들은 이야기를 친구한테 가르쳐 줬을 뿐인데.
> ㉠ 가만, 내 눈으로 뭔가 하나라도 확인했던가?

4 위 내용은 동물 나라가 황폐해지기 전의 상황입니다. 동물들이 소문을 전한 것과 동물 나라가 황폐해진 것은 어떤 연관이 있나요?

5 ㉠은 무엇이 중요하다고 말하는 것일까요?

그 소문 들었어? | 19

책을 내 것으로 만드는 아이들

1 "이 이야기가 과연 동화 속에서만 있을 법한 이야기일까요?" 이 책의 첫 장은 위 질문으로 시작합니다. 작가 선생님이 이 질문을 쓴 까닭은 무엇이라고 생각하나요?

....

....

―――――――――――――――――――――

2 은색 사자에 대한 거짓 소문은 시간이 지날수록 사실로 둔갑합니다. 만약 여러분이 은색 사자였다면 어떻게 했을까요? 그 결과에 대해서도 이야기해 보세요.

 내가 은색 사자였다면?
....

―――――――――――――――――――――――――――――

 결과는?
―――――――――――――――――――――――――――――

3 이야기의 배경이 우리가 사는 세상이라면 각각의 동물들과 가장 비슷한 사람은 누구일지 곰곰이 생각해보세요.

은색 사자	쥐, 토끼, 고양이, 여우	금색 사자

....

―――――――   ―――――――   ―――――――

4 금색 사자는 왕이 되기 위한 방법으로 은색 사자를 모함하는 거짓 소문을 만들어 퍼트립니다. 훌륭한 왕이 되려면 어떤 방법을 생각했어야 했나요?

5 이야기의 마지막에 동물 나라는 아무도 살지 못하는 황무지가 되어 버립니다. 동물 나라 동물들 중에 누구의 책임이 가장 크다고 생각하나요? 여러분의 생각을 이유와 함께 써 보세요.

6 황폐해진 동물 나라를 다시 일으킬 수 있는 방법에는 어떤 방법이 있을지 자유롭게 이야기해 보세요.

1 ㉠에 대한 설명으로 적절한 것은?

> "누군가에게 유리한 소문이 세상을 바꾸어 버릴 때도 있지.
> 그러니까 몇 번이라도 확인해야 해.
> ㉠ 저 높이 솟아 있는 산은 정말로 산일까? 이 강은 엉뚱한 방향으로 흐르고 있지 않을까? 모두가 걸어가는 길 끝에는 무엇이 기다리고 있을까?"

① 앞에 있는 문장의 '결과'에 해당된다.
② 앞에 있는 문장의 '원인'에 해당된다.
③ 앞에 있는 문장의 '예시'에 해당된다.
④ 산과 강, 길에 대한 호기심을 불러일으키는 질문이다.
⑤ 모두 중요한 질문으로서 우리가 꼭 알아두어야 할 질문이다.

2 다음 내용에서 구름이 말한 ㉠의 의미를 바르게 이해한 친구는?

> 밑도 끝도 없는 소문에 은색 사자는 그저 쓴웃음을 지었을 뿐, 아무 말도 하지 않았습니다.
> 오해는 언젠가 반드시 풀릴 거라고 생각했기 때문입니다.
> 새하얀 구름만이 모든 걸 알고 있었습니다.
> ㉠ "소문은 먼저 슬그머니 다가오지만, 진실은 스스로 나서지 않으면 찾을 수 없어."
> 구름은 중얼거리며 흘러갔습니다. 그러나 구름의 목소리는 누구에게도 닿지 않았습니다.
>
> 본문 42~43쪽에서

① 단아 : 소문의 진실을 알아내는 방법은 다양해.
② 요한 : 우리가 듣는 소문들은 모두 가짜일 거야.
③ 애린 : 소문은 누가 퍼트렸는지를 알기가 쉽지 않아.
④ 규린 : 소문을 내는 것은 쉽지만 퍼트리는 것은 어려운 일이야.
⑤ 이안 : 소문이 사실인지를 밝히기 위해서는 많은 노력이 필요해.

3 밑줄 친 부분에 어울리는 속담은?

처음에는 금색 사자가 무슨 말을 해도 아무도 믿으려고 하지 않았습니다. 그런데 어찌된 일인지 은색 사자 이야기가 <u>드문드문 입방아에 오르고, 조용히 옮겨지기 시작하더니, 서서히 퍼져나갔습니다.</u>

본문 28~30쪽에서

① 발 없는 말이 천 리 간다.
② 까마귀 날자 배 떨어진다.
③ 가는 말이 고와야 오는 말이 곱다.
④ 입은 삐뚤어져도 말은 바로 해야 한다.
⑤ 낮말은 새가 듣고 밤말은 쥐가 듣는다.

4 다음 글을 한 문장으로 간추릴 때 가장 적절한 문장은?

새로운 왕은 나라를 자기 멋대로 다스렸습니다.
여기저기서 황금을 사들여 엄청난 빚을 지었지만 백성들의 굶주림에는 눈길도 주지 않고 사치만 잔뜩 부렸습니다.
"내 금색 갈기야말로 세계 제일이다! 이 세상에 있는 황금은 전부 내 거야. 금 한 톨도 남기지 마!"
심지어 금색 사자는 다른 나라가 황금으로 탑을 세우자 건방지다며 전쟁을 벌였습니다.
밭이 불타고, 몇몇 농작물만 덩그러니 남았습니다.
금색 사자는 그것마저 독차지했습니다.
백성들은 일도, 집도, 땅도, 살아갈 희망도 몽땅 잃었습니다.

본문 46쪽에서

① 사치가 심한 왕 때문에 백성들은 가난해졌습니다.
② 새로운 왕의 욕심 때문에 백성들은 화가 났습니다.
③ 새로운 왕의 독재 때문에 전쟁이 끊이지 않았습니다.
④ 금색 사자의 사치와 폭정으로 나라는 황폐해졌습니다.
⑤ 새로운 왕은 부자가 되기 위해 백성들에게 금을 빼앗았습니다.

화요일의 두꺼비

러셀 에릭슨 글 | 김종도 그림 | 사계절

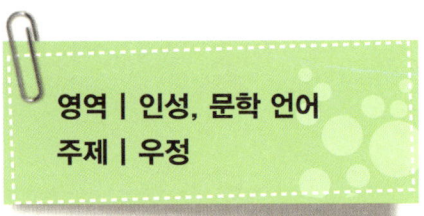

영역 | 인성, 문학 언어
주제 | 우정

 목표

1. 등장인물의 말과 행동을 보고 성격을 짐작할 수 있다.
2. 친구가 되는 과정을 통해, 친구의 의미를 생각해 볼 수 있다.
3. 삶의 태도가 상황과 관계에 어떤 변화를 가져오는지 생각해 볼 수 있다.

줄거리

하얀 눈이 내린 어느 겨울날, 두꺼비 워턴은 숲 반대편에 사는 툴리아 고모 댁에 가기로 결심한다. 길을 떠난 워턴은 커다란 올빼미에게 붙잡혀 간다. 올빼미는 다음주 화요일인 자신의 생일날 두꺼비를 잡아먹으려 한다. 워턴은 올빼미와 일주일을 보내면서 서로의 마음을 알아간다. 결과는 과연 어떻게 될까?

도서 선정 이유

『화요일의 두꺼비』는 천적인 두꺼비와 올빼미의 우정을 통해, 우리 주변을 둘러보게 만든다. 어울리기 어려운 관계일지라도 노력하면 관계를 변화시킬 수 있다. 죽음을 앞두고도 자신이 할 일을 찾아 성실히 해내는 두꺼비, 그리고 마음을 열지 않는 올빼미에게 두꺼비가 끊임없이 건네는 한 잔의 차는 올빼미의 마음을 변화시킨다. 『화요일의 두꺼비』를 통해 삶의 태도가 상황과 관계에 어떤 변화를 가져오는지 생각해 볼 수 있다.

1 책 표지를 살펴보고, 이 동화의 등장인물은 누구이고 어떤 계절에 일어난 일인지 짐작해 보세요.

– 어떤 동물들이 등장할까요?

– 언제 일어난 일일까요?

2 두꺼비가 좋아하는 음식에는 무엇이 있을까요?

3 올빼미가 좋아하는 음식에는 무엇이 있을까요?

4 다음 단어의 뜻을 살펴보고, 짧은 글짓기를 해 보세요.

> * 천적(天敵) : 잡아먹는 동물을 잡아먹히는 동물에 상대하여 이르는 말. 예를 들면, 쥐에 대한 뱀, 배추흰나비에 대한 배추나비고치벌, 진딧물에 대한 무당벌레 따위이다.

1 두꺼비 형제의 이름과 잘하는 것을 짝지어 보세요.

모턴 ·　　　　· 형 ·　　　　· 청소

워턴 ·　　　　· 동생 ·　　　　· 요리

2 두꺼비 형제는 무엇을 먹고 있었나요?

3 모턴을 놀라게 한 워턴의 결심은 무엇인가요?

_____

4 워턴은 튤리아 고모네 집으로 떠나기 위해 어떤 준비를 했나요?

_____

5 워턴과 사슴쥐가 처음 만났을 때 어떤 일이 있었나요? 다음 빈칸을 채워 보세요.

> 사슴쥐가 눈밭에 거꾸로 처박혀 [　　　　　]을 하고 있었다. 워턴은 재빨리 눈을 파헤쳐서 사슴쥐를 구해 주었다. 그리고 [　　　　　] 위로 올라가 [　　　　]를 따라 주었다.

6 워턴을 잡아간 올빼미는 워턴에게 뭐라고 말했나요?

"나는 너를

7 올빼미 조지에게 잡혀간 워턴은 어떻게 생활하나요? 두 가지 이상 써 보세요.

8 워턴은 탈출하기 위해 무엇을 만들었나요?

9 조지의 생일날 누가 찾아왔나요? 그리고 왜 찾아왔나요?

찾아온 동물 :

찾아온 까닭 :

10 조지는 어떤 위험에 처했나요?

1 워턴과 조지가 나누는 대화의 말투를 보고, 기분과 생각을 짐작해 보세요.

> 워턴은 구석에서 계속 꼼지락거렸습니다. 그러더니 잠시 후 올빼미를 돌아보고는, "이름이 뭐야?" 하고 물었습니다.
> "몰라. 그런 거 없어."
> "그럼 친구들이 뭐라고 부르는데?"
> "난 친구 없어."
> "참 안됐구나."
> 그러자 올빼미는 퉁명스럽게 말했습니다.
> "아니, 참 안되지 않았어. 난 친구 따윈 필요 없어. 그딴 거 사귀고 싶지도 않아. 그러니까 이제 조용히 해!" (중략)
> 올빼미는 띄엄띄엄 말했습니다.
> "음…… 만약에 이름이 있다면…… 만약에, 만약에…… 내 이름이 있다면…… 나는 음…… 조지가 좋겠다."

워턴 :

조지 :

2 워턴은 어떤 성격을 가졌나요? 다음 문장을 읽고 O, X로 표시해 보세요.

> 워턴은 매사에 낙천적이고 긍정적인 편이다. [　　　]
> 워턴은 맛있는 것을 다른 사람과 나누고 싶어 한다. [　　　]
> 워턴은 위험한 상황에서도 용기를 내어 할 이야기를 한다. [　　　]
> 워턴은 우울한 성격으로 올빼미에게 잡혀 가 매일 운다. [　　　]
> 워턴은 시키지 않아도 자신이 할 일을 찾아서 열심히 한다. [　　　]

3 올빼미 조지는 어떤 성격을 가졌나요? 다음 문장을 읽고 O, X로 표시해 보세요.

> 조지는 계획을 세워 실천하는 편이다. [   ]
>
> 조지는 깔끔한 성격으로 집안이 깨끗하다. [   ]
>
> 조지는 활발하고 친구들과 사귀는 것을 좋아한다. [   ]
>
> 조지는 급한 성격으로 워턴을 바로 잡아먹고 싶어 한다. [   ]
>
> 조지는 다른 사람이 하고 싶어 하는 일을 존중하는 편이다. [   ]

4 워턴은 조지의 집을 잘 정리해 줍니다. 올빼미 조지에게 잡아먹힐지도 모르는 워턴이 왜 이런 행동을 했을까요?

5 워턴은 왜 조지가 자신을 잡아먹지 않을 수도 있다고 생각했나요?

책 속의 문장 : '그래, 어쩌면 조지는 날 잡아 먹지 않을지도 몰라!'

워턴이 본 조지의 행동 :

나의 생각 :

6 워턴은 조지가 자신을 잡아먹지 않을 것이란 희망을 가지고 있다가, 조지가 자신을 잡아먹을 수도 있다고 생각합니다. 어떤 행동을 보고 그런 생각을 했나요?

1 만약 여러분이 발목을 다친 워턴이라면 어떻게 탈출할 수 있을까요? 조지의 집에 있을 만한 것들을 활용하여 탈출 방법을 세워 보세요.

활용할 물건들 :

탈출할 시간대 :

탈출 방법 :

2 등장인물들에게 배울 점을 찾아 써 보세요. 그리고 책 속에서 닮고 싶은 등장인물이 있다면 누구인가요?

등장인물	중요한 말이나 행동	배울 점
모턴		동생이 위험한 상황에 처할까 봐 설득하기 위해 차근 차근 이야기를 한다.(7쪽)
워턴		
씨이	괜찮아. 이젠 걱정하지 마. 나랑 내 친구들이 구해 줄 테니까.(69쪽)	
조지		

닮고 싶은 등장인물 :

3 탈출 중인 워턴이 아래와 같은 상황에서 조지를 구하러 가는 것에 대해 어떻게 생각하나요? 까닭을 들어 의견을 말해 보세요.

> 아래쪽 개울 근처에서 몸싸움이 벌어지고 있는 것 같았습니다. 눈가루가 사방으로 튀었습니다. 제법 멀리 있는데도 끽끽대고 으르렁거리는 소리가 들렸습니다. 그때 눈가루가 가라앉으면서, 워턴이 잘 아는 얼굴이 보였습니다.
> 워턴은 나직하게 중얼거렸습니다.
> "조지……?"
> 워턴은 손으로 햇살을 가리고 자세히 보았습니다. 워턴의 짐작이 맞았습니다. 올빼미 조지는 사나운 여우한테서 빠져나오려고 몸부림치고 있었습니다. 워턴은 조지가 목숨을 건질 가망이 거의 없다는 것을 알았습니다. 이제 조지는 눈밭에서 힘없이 날개를 파닥거리고 있었습니다.

나의 생각 : 조지를 구하러 가야 한다. [   ]   조지를 구하러 가서는 안 된다. [   ]

까닭 1.

까닭 2.

4 인상 깊은 장면을 3컷 만화로 표현해 보세요.

1 다음 지문을 읽고 추론한 것으로 적절하지 <u>않은</u> 것은?

> 워턴이 다시 차를 따르자, 올빼미가 말했습니다.
> "차가 참 맛있군."
> "그래, 하지만 내가 가장 좋아하는 차보다는 못해."
> "그게 뭔데?"
> "노간주나무 열매 차야. 언젠가 사촌이 한 번 갖다 주었지. 그렇게 맛있는 차는 처음이었어. 하지만 노간주나무는 아무 데서나 자라지 않기 때문에 그 뒤로는 한 번도 그 차를 마시지 못했어."

① 노간주나무 열매 차는 맛있다.
② 워턴은 차 마시는 것을 좋아한다.
③ 노간주나무 열매는 발견하기 어렵다.
④ 올빼미도 노간주나무 열매 차를 가장 좋아한다.
⑤ 워턴의 사촌은 워턴에게 좋은 것을 주기도 한다.

2 다음 지문을 읽고 이해한 것으로 적절한 것은?

> 워턴은 차를 따르면서 말했습니다.
> "그런데 조지, 다른 올빼미들이 다 자는 낮에 돌아다니는 건 좀 치사하지 않니?"
> 올빼미가 씨근대며 말했습니다.
> "치사하다고? 하지만 나는 밤새도록 깨어 있지 못해. 저번에는 깨어 있으려고 애쓰다가, 집으로 돌아오는 길에 깜박 졸아서 커다란 벌집에 부딪혔어. 난생 처음 보는 커다란 벌집이었다고."
> 올빼미는 그날 밤을 떠올리며 몸을 부르르 떨었습니다.

① 철호 – 조지가 벌집에 부딪혀서 재미있었어.
② 수미 – 조지는 밤새도록 깨어 있는 것이 힘든가 봐.
③ 민지 – 워턴은 조지와 함께 낮에 돌아다니고 싶어 해.
④ 재성 – 조지는 난생 처음 보는 커다란 벌집이 신기했어.
⑤ 상현 – 워턴은 낮에 돌아다니는 조지를 근사하게 생각해.

3 빨간 목도리를 준 까닭으로 가장 알맞은 것은?

> 워턴은 웃으며 자신 있게 말했습니다.
> "새 스키를 타고 쏜살같이 달려가면, 올빼미도 나를 못 잡을 거야."
> "그럼 잠깐만 기다려."
> 사슴쥐는 그렇게 말하고는, 그루터기를 타고 쪼르르 내려가 구멍 속으로 사라졌습니다. 그러고는 둥그런 상자를 들고 돌아왔습니다. 사슴쥐는 그 상자에서 조그만 목도리를 꺼냈습니다. 아주 독특하고 예쁜 빨간색 목도리였어요.
> "이 목도리를 두르고 가면, 우리 친척들이 네가 내 친구라는 걸 알 거야. 그리고 네가 어려운 일을 당하면 반드시 널 도와줄 거야."
> 워턴은 목도리를 목에 꼭꼭 두르고 나서, 사슴쥐와 작별 인사를 나누었습니다.

① 조그만 목도리였기 때문이다.
② 사슴쥐와 작별 인사를 나누었기 때문이다.
③ 사슴쥐가 구멍 속으로 사라졌다 나왔기 때문이다.
④ 아주 독특하고 예쁜 빨간색 목도리였기 때문이다.
⑤ 워턴이 어려운 일을 당하면 사슴쥐들이 도울 수 있기 때문이다.

학교에 간 사자

필리파 피어스 글 | 햇살과나무꾼 옮김 | 논장

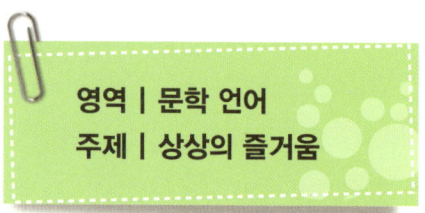
영역 | 문학 언어
주제 | 상상의 즐거움

목표

1. 상상 이야기를 통해 자신의 문제를 생각할 수 있다.
2. 즐거운 상상을 하면서 문제에 대해 긍정적인 마음을 기를 수 있다.

줄거리

이 교재에서는 본 책에 실린 아홉 편의 동화 중 다섯 편의 내용을 다룬다. 자신의 화를 참지 못하는 팀, 실수를 하고 도망가는 짐, 학교가기 싫어하는 베티, 친구를 찾는 똘똘이, 구부러지는 새끼손가락으로 도둑질을 하는 주디의 이야기를 통해 다양한 경험을 간접적으로 체험할 수 있다.

도서 선정 이유

아이들은 작은 고민이라도 크게 생각하며 힘들어할 때가 있다. 좋은 상상으로 긍정적인 마음을 갖게 된다면 행복한 하루를 보낼 수 있다. 이 책은 다양한 상상으로 자신의 문제에 대해 넓게 생각하게 하고 바른 삶이 어떤 것인지 생각하게 한다.

1 <학교에 간 사자> 동화 속 이야기에 나오는 어휘들입니다. 설명에 해당하는 낱말을 표에서 골라 동그라미 해 보세요.

동	가	안	달
강	때	판	탐
본	찬	장	대
담	담	하	다
벗	양	계	장

> 예) 본보기가 될 만한 사물의 됨됨이 (ㅂ, ㄸ)
> → 짐도 (본때)를 보여주려고 셔츠를 확 잡아 당겼다.

① 어떤 긴 물체가 작은 토막으로 잘라지거나 끊어진 모양 (ㄷ, ㄱ)
  → (   ) 났던 시계도 접착제를 뿌리자 다시 째깍거리기 시작했다.

② 가두에 물건을 전시해 두고 파는 판매대 (ㄱ, ㅍ, ㄷ)
  → 짐은 과일 (   ) 옆에 가서 섰다.

③ 여러 가지 필요한 설비를 갖추어 두고 닭을 먹여 기르는 곳 (ㅇ, ㄱ, ㅈ)
  → 똘똘이가 그다음에 만난 동물은 (   )에서 나온 암탉이었어요.

④ 어떤 것을 가지거나 차지하고 싶어 하는 마음 (ㅌ)
  → 주디가 때마침 (   )내던 지우개가 눈에 쏙 들어왔어요.

2 어느 날 우리 반에 사자가 전학 온다면 어떻게 될까요?

학교에 간 사자 | 35

🔍 학교에 간 사자 이야기에 나오는 내용이에요. 사건의 원인과 결과를 생각하며 빈칸을 채우고 관계있는 이야기를 연결해 보세요.

제목 : 무지무지 잘 드는 커다란 가위

팀은 할머니 댁에 못 가게 되어서 무척 화가 났어요. 그래서 온 집안의 물건들을 _____로/으로 싹둑싹둑 잘랐어요.

제목 : 도망

짐은 프랫 아줌마네 _____을/를 떨어트린 후 겁에 질려 냅다 도망쳤어요.

제목 : 똘똘이

똘똘이는 _____을/를 견딜 수 없어 목장 밖으로 나왔어요. _____을/를 찾고 싶었기 때문이죠.

( )은/는 _____ 가판대 밑에 숨어있었어요. 마침 레몬을 사러 온 엄마의 목소리를 듣고 짐은 뛰쳐나가 엄마 품에 안겼어요.
엄마는 ( )을/를 _____ 에 태워 집으로 돌아왔어요.

자른 물건을 _____로/으로 붙여 놓자 마자 엄마가 돌아 오셨어요. 엄마는 환히 웃으시며 얌전히 있었다며 칭찬해 주셨어요.

뱀과 암탉과 개와 양 그리고 _____은/는 똘똘이에게 말의 특징을 설명해 주었어요. ( )이/가 찾은 동물은 다리가 네 개에다 갈라지지 않은 _____이/가 달렸고, 길고 풍성한 꼬리털을 가지고 있었어요.

보기   외로움   짐   커다란 가위   과일   빨래   접착제   발굽
         유모차   똘똘이   당나귀   친구

제목 : 학교에 간 사자

학교에 가기 싫어했던 베티는 어느 날 아침 _____을/를 만났어요. _____은/는 학교에 데리고 가지 않으면 베티를 잡아먹겠다고 말했어요.

사탕가게 (　　　　)이/가 있은 후 (　　　)은/는 선생님께 _____을/를 절대 구부리지 않겠다고 약속했어요.

제목 : 구부러진 새끼손가락

어느 날 아침 주디는 _____이/가 쿡쿡 쑤시고 간질간질 했어요. 아침 식사 시간에 주디가 _____을/를 구부리자 오빠가 쓰던 (　　　) 이/가 주디에게 왔어요.

(　　)은/는 성난 듯이 크르릉댔어요. 순간 잭 톨은 칼처럼 날카로운 사자의 _____을/를 보았답니다. 사자의 울음소리를 듣고 도망가는 잭 톨을 본 후, 베티는 잭 톨을 두려워하지 않았고 학교도 혼자 가게 되었답니다.

보기 | 도둑사건　설탕　이빨　사자　새끼손가락
주디　소금　호랑이　눈

1 〈무지무지 잘 드는 커다란 가위〉 팀과 엄마는 저녁 식사를 하며 어떤 대화를 나누었을까요? 상상하여 말 주머니를 채워 봅시다.

2 〈도망〉 짐이 쓴 일기의 일부분이에요. 짐의 마음을 생각하며 일기를 채워 보세요.

> 　　　월　　　일　　　날씨 맑음
> 오늘 난 엄청난 실수를 했다. 프랫 아줌마네 빨래를 모조리 땅바닥에 떨어뜨리게 한 것이다. 나는 너무 겁이 나서 냅다 (　　　　　　　　　　). 그런데 경찰 아저씨가 나를 불렀다. 난 순간 (　　　　　　　　)이 들었다. 시간을 되돌릴 수 만 있다면 (　　　　　　　　　　　　　　　　　　　　　　　　　　　)

3 〈학교에 간 사자〉 월요일에 사자가 학교에 나타나지 않자 잭 톨은 궁금해합니다. 밑줄 친 내용을 중심으로 베티와 잭 톨의 마음을 짐작해 보세요.

> 사내아이가 물었어요.
> "네 친구는 어디 있어? <u>그 목소리 큰 애 말이야.</u>"
> 작은 여자아이가 말했어요.
> "오늘은 안 왔어."
> 그러자 사내아이가 다시 물었어요.
> "<u>그럼 다른 날에는 올까?</u>"
> 작은 여자아이는 말했죠.
> "<u>그럴 거야. 틀림없이 올걸. 그러니까 너, 조심해, 잭 톨.</u>"

<u>잭 톨의 마음</u>

<u>베티의 마음</u>

4 〈똘똘이〉 똘똘이는 친구들의 도움으로 친구 더빈을 찾았지요. 동물 신문에 기쁨을 감추지 못하는 똘똘이 기사가 났네요. 똘똘이가 되어 인터뷰 내용을 채워 보고 역할극도 해 보세요.

동물일보

[기자] – 똘똘이군 힘겹게 더빈 친구를 만났는데요. 지금 마음이 어떻습니까?
[똘똘이] – (   )
[기자] – 더빈 친구를 만나는 데는 많은 친구들이 도움을 줬던 것으로 알고 있는 데요. 그 친구들 중에 어떤 친구가 제일 고마운가요?
[똘똘이] – 네. (   )입니다. 왜냐하면 더빈의 생김새를 제일 잘 설명해 줘서 더빈을 찾는 데 많은 도움이 됐기 때문입니다.
[기자] – 그렇군요. 앞으로 더빈 친구랑 어떻게 시간을 보내고 싶은지 잠깐 이야기해 주시겠습니까?
[똘똘이] – 네 저는 더빈이랑 (   )
[기자] – 인터뷰 감사합니다. 마지막으로 더빈에게 한 말씀 해 주시죠.
[똘똘이] – 더빈 사랑해! 그리고 (   )

5 〈구부러진 새끼손가락〉 주디는 자신이 원하는 걸 다 가져올 수 있어도 마음이 찜찜하다고 합니다. 그 이유를 생각해 보고, 주디에게 해결 방법을 이야기해 주세요.

머리와 배 사이에 있는 어딘가는 왠지 꺼림칙했어요. 주디는 호주머니에 숨긴 물건들을 생각하면서 뿌듯해하고 싶었어요. 그런데 한편으론 그것들을 생각조차 하기 싫지 뭐예요?
사이먼이 분홍색 돼지 지우개 때문에 울고 있다는 건 더욱더 생각하기 싫었어요. 이렇게 생각하고 싶은 마음과 생각하기 싫은 마음 사이에서, 주디는 더욱더 찜찜해할 수밖에 없었답니다.

📄 본문 137 ~ 138쪽에서

주디야 네가 마음이 찜찜한 건 (   ) 때문이야.
네가 마음이 편해지려면 (   ).

1. 〈무지무지 잘 드는 커다란 가위〉 팀은 화가 나서 커다란 가위로 물건들을 자른 뒤 엄마에게 꾸중을 들을까 봐 울었지요? 울고 있는 팀에게 좋은 방법을 휴대 전화 문자로 알려 주세요.

2. 〈똘똘이〉 외로움을 타던 똘똘이는 자신과 같은 모습을 가진 더빈을 보며 행복해합니다. 친구가 있으면 좋은 점은 무엇인가요? 또 똘똘이와 더빈처럼 나와 친구의 닮은 점도 생각해 보세요.

친구가 있어서 좋은 점

좋아하는 친구와 나랑 닮은 점

3. 〈학교에 간 사자〉 베티는 잭 톨이 무서워 학교 가는 걸 두려워합니다. 만약 우리 학교에 베티 같은 친구가 있다면 어떤 도움을 줄 수 있는지 친구들과 이야기 나눠 보세요.

4 다음 두 친구는 자신에게 문제가 생겼을 때 해결하는 방법이 다릅니다. 만일 여러분이라면 이 문제를 어떻게 해결할 수 있을까요? 이유를 들어 자신의 생각을 써 보세요.

짐은 프랫 아줌마네 빨래를 떨어뜨린 후 달리고, 또 달려서 도망을 갔어요.

내가 만일 짐이었다면 빨래가 떨어진 후

왜냐하면

베티는 쉬는 시간에도 덩치 큰 친구가 무서워 놀지 못합니다. 그래서 사자의 도움을 받았지요.

내가 만일 베티였다면

왜냐하면

5 책 속 주인공들은 상상을 통해 다양한 경험을 합니다. 즐거운 상상을 하면 어떤 점이 좋은가요?

1 사실이 아닌 것은?

쉬는 시간에 작은 여자아이와 사자는 운동장으로 나갔어요. 모든 아이들이 놀다 말고, 사자를 빤히 바라보았어요. 그러고는 다시 왁자지껄 놀기 시작했죠. 작은 여자아이는 사자랑 같이 운동장 한 귀퉁이에 서 있었어요.

"우리도 다른 애들처럼 놀까?"

사자가 묻자 작은 여자아이가 말했어요.

"싫어. 남자애들 중에 덩치가 너무 크고 우락부락한 애들이 있는걸. 걔네들은 자기도 모르게 다른 애들을 막 쓰러뜨려."

사자는 으르렁거렸어요.

"난 못 쓰러뜨릴걸."

"아주 덩치 큰 애가 한 명 있어. 이름이 잭 톨인데, 그 애는 일부러 날 밀어서 넘어뜨려."

사자가 말했어요.

"누군데? 가르쳐 줘."

작은 여자아이가 손가락으로 잭 톨을 가리켰어요.

그러자 사자가 말했어요.

"으음! 저 녀석이 잭 톨이군."

바로 그때 수업 종이 울려서 모두들 교실로 들어갔어요.

📄 본문 53~55쪽에서

① 사자는 잭 톨이 누군지 모르고 있었다.
② 사자는 자기 자신이 힘이 세다고 생각한다.
③ 잭 톨은 작은 여자아이를 밀어서 넘어뜨린다.
④ 사자와 작은 여자아이는 쉬는 시간에 놀지 않았다.
⑤ 작은 여자아이가 놀지 않는 이유는 남자아이들 때문이다.

2 똘똘이가 친구를 찾을 수 있는 방법으로 가장 적절한 것은?

똘똘이는 실망한 나머지 금방이라도 울음이 터질 것 같았어요. 맥이 탁 풀려서 슬픔에 젖은 채 길 한복판에 서 있었지요. 너무나 절망스러워서 고개가 거의 땅에 닿도록 푹 수그러졌어요. 똘똘이는 이제 어떻게 해야 할지 눈앞이 깜깜했어요.

결국 똘똘이는 당나귀에게 부탁했어요. 친구를 찾아다녔던 슬픈 이야기를 들려줄 테니까, 자기를 좀 도와 달라고요. 당나귀는 흔쾌히 승낙했죠. 똘똘이는 그동안 뱀이랑 암탉, 개랑 양을 만난 일이랑 그들이 한 얘기를 모두 들려주었어요.

"그래서 여기까지 온 거야. 난 말이 어떻게 생겼는지 아는 줄 알았어. 적어도 다리가 어떻게 생겼는지는 알아낸 줄 알았는데."

그러자 당나귀가 말했어요.

"말한테는 다리만 있는 게 아니야."

똘똘이는 힘없이 말했어요.

"그렇겠지. 하지만 더 이상은 모르겠어. 아무리 생각해 봐도 다른 말들이 어떻게 생겼는지 떠오르지 않아. 이제 뭘 보고 찾아야 할지 모르겠어."

당나귀가 말했어요.

"왜 모르니? 너도 말이잖아."

본문 91~92쪽에서

① 거울을 본다.
② 자신의 잘못을 반성해 본다.
③ 자신의 목표를 분명하게 안다.
④ 더 많은 다른 동물들에게 물어본다.
⑤ 눈을 좀 더 크게 뜨고 세상을 살펴본다.

황금 사과

송희진 글 · 그림 | 이경혜 옮김 | 뜨인돌어린이

영역 | 문학 언어
주제 | 욕심, 소통

목표

1. 욕심에 대해 생각해 볼 수 있다.
2. 사람들과 소통하는 방법에 대해 생각해 볼 수 있다.

줄거리

작은 도시 한가운데 황금 사과나무가 서 있다. 윗동네와 아랫동네 사람들은 더 많은 황금 사과를 갖기 위해 동네 한 가운데에 금도 긋고 울타리를 치기도 하다가 결국 담을 쌓는다. 세월이 흘러 사람들은 담의 존재를 잊어버리고 황금 사과나무도 사라진다. 그리고 서로를 미워하는 마음만 남는다. 그러던 어느 날 한 아이가 담의 작은 구멍으로 담 너머의 세상을 보게 되고 굳건할 것만 같던 담의 문이 스르르 열린다.

도서 선정 이유

사람이라면 누구에게나 욕심은 있다. 욕심이 무조건 나쁜 것은 아니지만 지나치면 화를 부른다. 이 책은 서로 배려하며 함께 살아가야 행복한 삶을 살 수 있다는 것을 보여 준다. 사소한 다툼으로 인해 생긴 소통의 단절은 긴 세월 동안 사람들의 마음의 문을 닫게 만든다. 이 책은 '말을 걸어야 한다.'는 소통 방법을 말하고 있다.

1 다음 중 다른 여섯 개의 단어와 성격이 다른 단어는 무엇인가요?

2 다음 설명에 맞는 단어를 보기에서 찾아 써 보세요.

보기: 의심 확인 괴물 자물쇠 또래 의논
      보초 마법 황금 툭하면 차츰차츰

① 확실하게 인정하거나 알아봄. ……………………………………… (   )
② 사람의 능력을 뛰어넘는 이상한 힘으로 신기한 일을 행하는 기술. …… (   )
③ 조금이라도 무슨 일이 있기만 하면 곧바로. …………………………… (   )
④ 믿지 못하거나 확실히 알 수 없어서 이상하다고 여김. ……………… (   )
⑤ 괴상한 사람을 비유적으로 이르는 말, 또는 괴상하게 생긴 생명체. … (   )
⑥ 열거나 닫을 수 있는 문을 잠그는 장치. ……………………………… (   )
⑦ 누런빛을 내는 금속으로서 전기가 잘 통하고 최대한 얇고 넓게 펴서 사용할 수 있는 금속. ……………………………………………………… (   )
⑧ 어떤 문제에 대하여 서로 의견을 주고받음. ………………………… (   )
⑨ 건물이나 사람을 보호하기 위해 주변을 살피고 외부 사람을 단속하기 위해 근무하는 병사. ………………………………………………………… (   )
⑩ 나이나 수준이 서로 비슷한 사람들. …………………………………… (   )
⑪ 사물의 상태나 수준이 조금씩 진행되어 가거나 변화하는 모양을 나타내는 말.
  …………………………………………………………………… (   )

1 작은 도시 한가운데 무엇이 자라고 있었나요?

2 윗동네와 아랫동네 사람들이 툭하면 싸운 까닭은 무엇인가요?

3 윗동네와 아랫동네 사람들은 황금 사과나무를 갖기 위해 어떤 일을 했나요?

4 금이나 울타리로도 막을 수 없었던 것은 무엇이었나요?

① 욕심
② 용기
③ 호기심
④ 이기심
⑤ 사랑하는 마음

5 세월이 흘러 황금 사과나무가 사라졌지만 사람들에게 여전히 남아 있던 것은 무엇인가요?

6 어른들은 담 너머에 무엇이 살고 있다고 말했나요?

7 실제로 담 너머에는 무엇이 있었나요?

8 주인공의 이름은 무엇인가요?

1 다음 그림은 어떤 장면을 표현한 것인가요?

2 윗동네와 아랫동네 사람들은 약속을 해 놓고도 지키지 않았습니다. 사람들이 약속을 어긴 까닭은 무엇일까요?

3 시간이 지나자 사람들은 더 이상 사과나무와 높은 담에 관심을 가지지 않았어요. 왜 까맣게 잊고 말았을까요?

4 엄마가 아기에게 담 너머에 나쁜 사람이나 무시무시한 괴물이 살고 있다고 한 까닭은 무엇일까요?

5 마을 사람들이 골고루 황금 사과를 나누어 갖기 위해서는 어떤 방법들이 있을까요?

6 작가가 주인공 아이의 이름을 "사과"라고 붙인 까닭은 무엇일까요?

책을 내 것으로 만드는 아이들

1 만약 황금 사과가 열리는 나무가 우리 동네와 옆 동네 사이에 있다면 여러분은 어떻게 할 건가요?

2 하나라도 더 갖고 싶은 마음, 그것이 바로 욕심입니다. 여러분은 어떤 욕심을 갖고 있나요?

3 욕심은 좋은 걸까요? 나쁜 걸까요? 자신의 생각을 까닭과 함께 써 보세요.

4 만약 여러분이 '사과'였다면 담 너머 문을 열었을까요?

5 다음 이야기의 뒤를 상상해 보세요.

> 아이가 문을 밀자 쓱 열렸어.
> 문은 낡았고,
> 자물쇠는 망가져 있었거든.
> 환한 햇살 때문에 아이는 눈이 부셨지.
> 아이는 친구들에게로 다가가 말했어.
> "얘들아, 안녕! 내 이름은 사과야. 너희 이름은 뭐야?"

6 "사과"라는 아이 덕분에 마을 사람들은 이제부터 함께 잘 살 거예요. 마을 사람들에게 당부하고 싶은 말을 편지로 적어 보세요.

1 밑줄 친 상황을 그림으로 잘 표현한 것은?

> 오래 전 일이야.
> 어느 작은 도시 한가운데에
> 예쁜 사과나무가 자라고 있었어.
> <u>나무는 두 동네를 정확하게 반으로 가르는 곳에</u>
> 심어져 있었지.
>
> 본문에서

① 　② 　③ 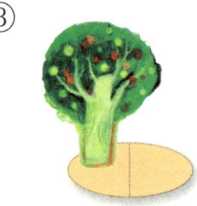　④ 　⑤

2 꼬마 아이에 대한 말로 적절하지 <u>않은</u> 것은?

> 어느 날,
> 한 꼬마 아이가 공놀이를 하다가 공을 놓치고 말았어.
> 공은 떼굴떼굴 담 쪽으로 굴러갔지.
> 아이는 아무도 살지 않는 으스스한 그곳으로 걸어갔어.
> 그런데 담 쪽으로 다가가 보니 작은 문이 언뜻 보이는 거야.
> 몸이 오싹거렸지만 그 아이는 계속 다가갔어.
> 아이는 무서운 마음을 꾹 누르고 구멍 속을 들여다보았어.
> 와, 세상에! 이럴 수가!
>
> 본문에서

① 겁이 난다.　② 용기가 있다.　③ 참을성이 있다.
④ 호기심이 많다.　⑤ 모험심이 강하다.

3 다음 내용을 가장 잘 요약한 것은?

두 동네 사이에는
툭하면 싸움이 벌어졌어.
다들 황금 사과를 갖겠다고 아우성이었지.
할 수 없이 사람들은 모여서 의논을 했어.

"이 나무는 우리 두 동네의 한가운데에 있습니다.
 그러니 잘 나누기 위해 땅바닥에 금을 그읍시다.
 금 오른쪽에 열리는 사과는 윗동네,
 금 왼쪽에 열리는 사과는 아랫동네에서 갖도록 말입니다."

그렇게 해서 땅바닥에는 금이 생겼지.

 본문에서

① 마을 사람들은 황금 사과를 갖겠다고 아우성쳤다.
② 땅바닥에 금을 그어 윗동네와 아랫동네가 사과를 나누어 가졌다.
③ 윗동네와 아랫동네 사람들이 황금 사과를 갖겠다고 싸움을 하였다.
④ 동네 사람들은 황금 사과를 공평하게 갖기 위해 땅바닥에 금을 그었다.
⑤ 땅바닥에 금이 생긴 이유는 더 넓은 땅을 차지하고 싶은 마을 사람들 때문이다.

져야 이기는 내기

조지 섀넌 글 | 피터 시스 그림 | 김재영 옮김 | 베틀북

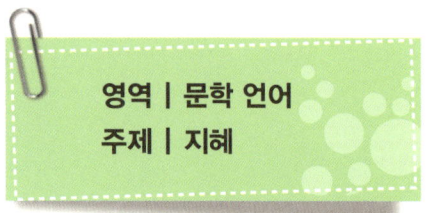

영역 | 문학 언어
주제 | 지혜

1. 여러 나라의 민담을 통해 지혜로움을 배울 수 있다.
2. 세상을 지혜롭게 바라볼 수 있는 힘을 키울 수 있다.

줄거리

크림 양동이에 빠졌지만 포기하지 않고 끝까지 노력한 덕분에 빠져나올 수 있었던 개구리, 악마에게 영혼을 판 아버지를 구한 셋째 아들, 낡은 솥 하나로 도둑을 잡은 전도사, 이집트 낙타나보 왕의 패배를 인정받은 이솝, 마지막 부탁을 들어준다는 조건으로 결혼한 덕분에 자신의 목숨을 구한 까르멜리따, 이웃 농장 주인과의 내기에서 이기기 위해 또 다른 내기를 한 존의 재치 등 세계 여러 나라의 슬기로운 이야기가 펼쳐진다.

도서 선정 이유

슬기와 재치가 담긴 이야기를 통해 삶의 긍정적인 태도를 배울 수 있고 삶의 여러 문제들을 해결하기 위한 지혜를 엿볼 수 있다.

1 단어들 간의 짝이 다른 것들과 다른 것은?

① 무지 – 현명   ② 평지 – 비탈길
③ 보잘것없다 – 하찮다   ④ 터무니없다 – 확실하다

2 〈져야 이기는 내기〉에 나오는 단어들입니다. 다음 설명에 맞는 단어를 보기에서 찾아 써 보세요.

보기

여관   전도사   역경   성지   웅변   경험   간청
첩자   궁리   막막하다   고래고래   콧잔등

① 돈을 받고 손님을 묵게 하는 집.
② 교회에서 목사를 도와 신앙을 가지도록 이끄는 일을 맡는 사람.
③ 불행한 경우나 환경.
④ 종교의 발상지 또는 종교적인 유적이 남아 있는 곳.
⑤ 청중들 앞에서 우렁찬 목소리로 유창하고 당당하게 말함.
⑥ 실제로 보고 듣거나 몸소 겪음.
⑦ 간절히 청함.
⑧ 국가나 단체의 기밀을 몰래 알아내어 적대 관계에 있는 상대편에 제공하는 사람.
⑨ 일을 처리하거나 개선하기 위하여 마음속으로 이리저리 따져 깊이 생각함.
⑩ 의지할 데 없이 외롭다.
⑪ 화가 나서 목소리를 높여 외치거나 지르는 모양을 나타내는 말.
⑫ 코의 등성이 주변

1 〈왕자는 누구〉 숲의 왕 표범은 창 시합을 열어 왕국을 물려줄 동물을 찾았어요. 어떤 동물이 왕국을 물려받았나요?

2 〈반딧불이와 원숭이〉 원숭이가 반딧불이를 놀려서 싸움이 벌어졌어요. 무엇이라고 놀렸나요?

3 〈개구리〉 개구리는 크림이 들어 있는 통 속에 빠졌다가 어렵게 밖으로 나왔어요. 그것은 개구리가 열심히 움직여서 통 속의 크림이 변했기 때문입니다. 크림이 변하여 무엇이 되었나요?

4 〈악마와 변호사〉 세 아들을 둔 아버지가 악마에게 영혼을 팔았어요. 그래서 셋째 아들은 악마와 협상하여 아버지를 살려 주겠다는 약속을 받아 냈어요. 아들은 악마와 어떤 협상을 하였나요?

_____

_____

5 〈솥을 뒤집어 쓴 수탉〉 한 전도사가 묵고 있는 여관에 도둑이 들었어요. 전도사는 어떤 동물을 이용하여 도둑을 잡았나요?

6 〈듣지도 보지도 못한 것은?〉 바빌론의 왕 리쿠르고스는 이집트의 왕 낙타나보가 낸 수수께끼를 풀기 위해 자신이 가장 아끼는 사람을 이집트로 보냈어요. 누구인가요?

7 〈승려와 은행가〉 승려가 성지 순례를 떠나기 전에 한 친구에게 가진 돈 전부를 맡겼어요. 승려의 돈을 맡은 친구의 직업은 무엇인가요?

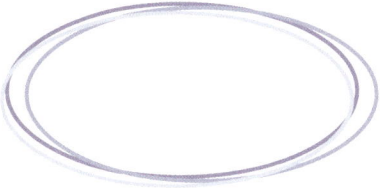

8 〈마지막 부탁〉 까르멜리따는 결혼 전에 마지막 부탁을 들어 주는 조건으로 젊은 왕의 청혼을 받아들였어요. 까르멜리따의 마지막 부탁은 무엇인가요?

9 〈져야 이기는 내기〉 존은 블레이크 대령과 어떤 내기를 했나요?

1 각 나라에는 전해 내려오는 민담이 있어요. (   ) 안에 알맞은 나라 이름을 쓰고 나라 이름 앞에 적힌 번호를 지도에 표시하여 보세요.

민담 제목	나라
눈사람	① 한국
반딧불이와 원숭이	② ( )
개구리	③ ( )
마지막 부탁	④ ( )
허를 찔린 왕	⑤ 에티오피아
해돋이	⑥ ( )
터무니없는 이야기	⑦ 미얀마
져야 이기는 내기	⑧ 미국

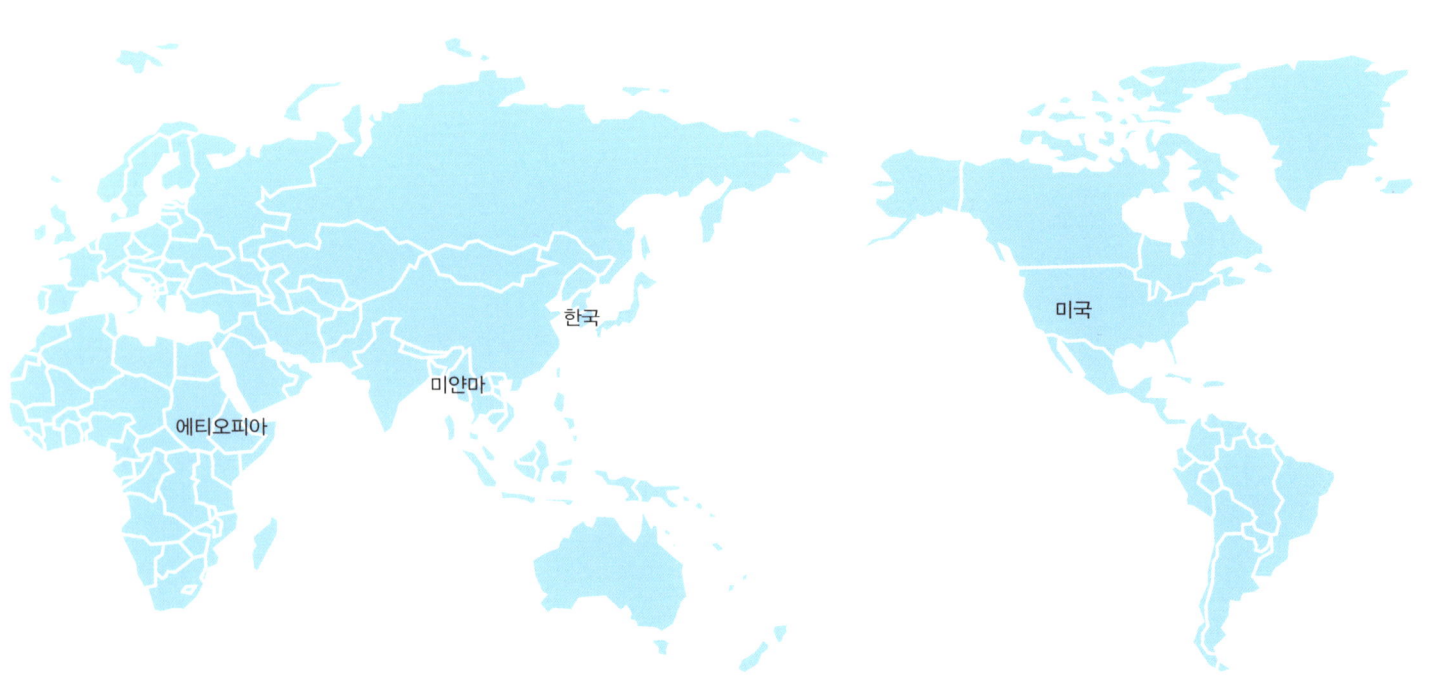

2 숲의 왕 표범은 왕국을 물려줄 후계자를 창 시합으로 뽑았어요. 여러분이 표범이라면 후계자가 될 자격 조건으로 어떤 것을 내세울 것인가요?

자격 조건

이유

3 개구리는 크림 통에 빠졌을 때 너무 지쳐 포기하고 싶었지만 크림 통에서 죽을 수 없다는 생각으로 죽을 힘을 다해 버둥거렸습니다. 여러분이 개구리 옆에서 응원과 격려를 해 준다면 무슨 말을 해 줄 수 있나요?

하고 싶은 말

이유

4 〈져야 이기는 내기〉에는 여러 나라의 지혜로운 이야기가 실려 있지요. 이 책 제목을 멋지게 다시 지어 보세요.

제목

이유

책을 내 것으로 만드는 아이들

1 여러분이 알고 있는 지혜로운 인물을 한 사람 소개해 보세요.

지혜로운 인물	
그렇게 생각한 이유	

2 모두 새 널빤지로 바꾼 테세우스의 배는 새 배일까요 헌 배일까요? 여러분의 생각을 쓰고 그 이유도 써 보세요.

고대 그리스의 위대한 영웅인 테세우스에게는 무엇보다 아끼는 배 한 척이 있었습니다. 테세우스는 배를 오래도록 간직하고 싶어서 널빤지가 썩거나 부서지기라도 하면 곧바로 새 널빤지로 바꾸었습니다. 그렇게 하나씩 바꾸다 보니 드디어 배에 끼워진 널빤지가 모두 새것으로 바뀌었습니다.

테세우스는 갑자기 궁금해졌습니다. 널빤지들을 모두 새것으로 바꾼 이 배는 헌 배인가요? 아니면 새 배인가?

하고 싶은 말	모두 새 널빤지로 바꾼 테세우스의 배는 _____ 배이다.
이유	왜냐하면

_____ 때문이다.

3 이 책의 민담에 나오는 인물들 중 가장 지혜로운 인물을 선정하고, 그 인물에게 편지를 쓰세요.

4 이 책의 제목 〈져야 이기는 내기〉처럼 서로 반대되는 개념으로 이루어진 문장이나 문구를 생각하여 써 보세요.

1 아들이 사 온 것으로 가장 알맞은 것은?

그날 밤 아들은 얼굴에 웃음을 가득 띤 채 먹을 것, 마실 것, 소에게 먹일 것, 그리고 마당에 심을 것을 사 가지고 집으로 돌아왔습니다. 아버지는 아들이 사 온 것을 보고 깜짝 놀랐지요.

아들이 사 온 것은 (　　)였/이었습니다. 속살은 먹고, 즙은 마시고, 껍질은 소에게 먹이고, 씨는 마당에 심을 수 있으니까요. 아들이 사 온 것은 무엇일까요?

본문 17~18쪽에서

①    ②    ③

④    ⑤

아·이·들·을·위·한·P·S·A·T·와·L·E·E·T

 다음 글을 읽고 물음에 답하시오. (2~3)

> 왕은 결혼할 나이가 되자 자신만큼 영리한 사람이 아니면 결혼하지 않겠다고 말했습니다. 그러고는 어디를 가든지 여자들에게 똑같은 수수께끼를 내었습니다.
> "바질을 심고 잘 돌본다면 잎이 몇 개나 나겠는가?"
> 답을 모르는 젊은 여자들은 부끄러워하며 왕을 피해 다녔습니다. (중략)
> 하지만 왕은 까르멜리따의 영리함에 감탄했고, 그 다음 주에는 까르멜리따가 다시 왕의 수수께끼를 풀어내자 영리한 까르멜리따와 결혼하기로 마음먹었습니다. 까르멜리따는 자신이 죽을 때가 되었을 때 마지막 부탁을 들어주는 조건으로 왕의 청혼을 받아들이겠다고 했습니다. 왕은 조건을 받아들였고, 마지막 부탁을 종이에 써서 서명을 하고 봉했습니다.
> 까르멜리따는 곧 온 나라 사람들의 사랑을 받았습니다. 사람들의 어려움을 잘 해결해 주었고, 남편인 왕이 공정하지 못한 결정을 내렸을 때는 왕이 마음을 바꾸도록 충고하기도 했습니다. 젊은 왕은 늘 아내의 영리함을 자랑스럽게 생각했습니다. 하지만 어느 날 까르멜리따가 사람들 앞에서 왕의 잘못을 밝혀내자 몹시 화가 났습니다.
>
> 본문 43~45쪽에서

2 까르멜리따가 온 나라 사람들과 왕의 사랑을 받은 이유로 볼 수 <u>없는</u> 것은?

① 까르멜리따가 영리해서
② 까르멜리따가 수수께끼를 잘 풀어서
③ 까르멜리따가 왕의 잘못을 밝혀내서
④ 까르멜리따가 사람들의 어려움을 잘 해결해 주어서
⑤ 왕이 공정하지 못한 결정을 내렸을 때 왕의 마음을 바꾸도록 충고해 주어서

3 위 글에서 왕의 성격을 짐작해 볼 수 있는 단서는?

① 왕은 화를 잘 낸다.
② 왕은 부끄러움을 탄다.
③ 예쁜 여자와 결혼하려고 한다.
④ 영리함을 자랑스럽게 생각한다.
⑤ 여자들은 수수께끼를 좋아한다고 생각한다.

논술이 가지가 풍성해도 간 정답은 읽기이다.

로자아이 책!
독서지도교재

   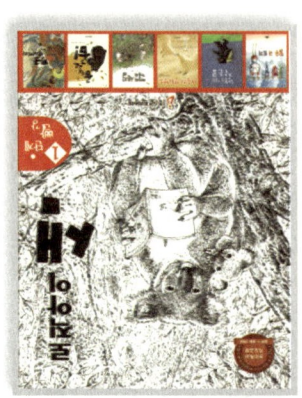

로자아이 책 〈풀잎〉 - 4단계   로자아이 책 〈피움〉 - 6단계   로자아이 책 〈누림〉 - 6단계   로자아이 책 〈초록〉 - 6단계

권장도서 목록을 바탕으로 엄선한 초등 저학년 대상의 교재이며 유·초등, 중등 독서지도 전문강사 양성 그리고 논술학원 원장 등 150여 명의 전문 집필진이 제작하여 유아부터 고등까지 독서지도 전문교재 출판(YES24, 인터파크, 알라딘 등 인터넷 서점이나 서점에서 〈독서지도교재〉를 검색해 보세요.)와 국가기관 중앙 도서관에 교재를 공급 할 만큼 인정받고 있으며, 그러나 독서지도사 양성과 함께 교재에도 정성을 쏟고 있습니다. 상상력과 창의력에도 좋고 사람됨에도 좋은 사사점이 있답니다.

로자아이? 리딩교육원
LOGIC I READING ACADEMY

로자아이 리딩교육원 **독서지도교사**의 알심에 꼭 안내를 드립니다.

"건강, 꿈을 만나다!"
코리아에서는 진실함, 소중함, 용감, 배려심, 이해심, 경이심, 즐거움 등의 공통적인 감정들을 통하여 동화책 등 책을 마주 할 수 있습니다.

독서지도사 양성과정
이론과 실제 현장의 경험들로 우수하게 독서지도사 양성과정 자격증 시험

글쓰기 교재 〈폐아〉 해체점이
유아부터 초등학교 고학년까지 있는 탄탄한 논리적 사고력과 글쓰기 교재 〈폐아〉 해체 장이를 만날 수 있습니다(활용 2,000장).

로자아이? 리딩교육원
LOGIC I READING ACADEMY

(03998) 서울시 마포구 잔다리로 120 (서교동 457-6) 303호
전화: (02)747-1577 팩스: (02)747-1599

로직아이의 샘

3단계 노랑

학부모와 선생님을 위한 **창의독서**

길라잡이

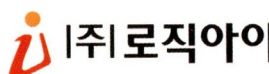

〈로직아이 샘〉과 길라잡이 사용 방법

| 특징 |

1. 〈로직아이 샘〉 1권은 6편의 동화로 구성되어 있으며, 동화 1편은 표지 포함 10쪽으로 이루어져 있다.
2. 〈로직아이 샘〉은 독서지도사, 방과후 학교 교사, 글쓰기 논술 학원 교사 그리고 서술식 문제로 출제 평가하는 초등학교 중학교 교사에게 필요한 교재이다.
3. 동화 한 편의 워크북은 90분 수업에 적합하도록 구성했다.
4. 6권의 필독서이므로 한 달 반 또는 세 달 사이에 교재 한 권의 진도를 나갈 수 있다.
5. 한 권의 독서지도 교재에는 5개 영역(문학 언어, 인문 예술, 사회, 역사 인물, 과학 탐구)을 담되, 1권당 문학 언어 영역이 1/2이 넘도록 했다.

1학년은 1단계, 2학년은 2단계, 3학년은 3단계, 4학년은 4단계, 5학년은 5단계, 6학년은 6단계로 구분했지만, 아이들의 취향이나 선생님의 지도방법에 따라 선택 지도할 수 있다.

| 각 꼭지 별 내용 |

* 각 작품의 첫 쪽에는 책의 줄거리와 도서 선정 이유를 담고 있다.

'책을 펴는 아이들'은 읽기 전 활동에 해당한다.

'책을 다시 읽는 아이들'은 책을 다 읽은 후에, 책의 내용을 다시 한 번 점검하는 활동을 담고 있다.

'책을 깊게 읽는 아이들'은 주제를 심화시키는 활동에 해당한다.

'책을 내 것으로 만드는 아이들'은 독서 내용을 확장하는 활동 꼭지이다.

'아이들을 위한 PSAT와 LEET'는 논리적인 사고를 훈련하는 꼭지다. PSAT(공직적성평가)와 LEET(법학적성평가) 형식의 문제 유형을 초등학생 버전으로 만든 것이다.

방귀쟁이 며느리

 책을 펴는 아이들(5쪽)

1. [예시답]
   - 친구 보경이가 내 방귀 냄새가 자기 방귀 냄새보다 더 지독하다고 놀렸다.
   - 엄마가 혹시 소화가 잘 되지 않아 속이 불편하냐며 걱정해 주셨다.
   - 아빠가 여러 사람 있는 곳에서 방귀 뀌지 않도록 조심하라고 하셨다.

[길라잡이]
방귀는 우리가 음식물을 먹을 때 함께 들어온 공기와 음식물이 소화될 때 생기는 가스가 합쳐져서 나오는 생리현상이다. 방귀에 얽힌 다양한 경험을 이야기해 본 후, 방귀는 매우 자연스러운 일이어서 창피한 일은 아니지만 때와 장소에 따라 조심하도록 지도한다.

[도움말]
방귀는 왜 나올까?
우리가 음식을 먹으면서 말을 하면 공기도 음식과 함께 몸속으로 들어간다. 위나 창자에 있던 이 공기가 입이나 항문으로 나오게 되는데 입으로 나오는 것이 트림, 항문으로 나오는 것이 방귀이다. 또 몸속으로 들어간 음식물이 소화될 때 가스가 생기는데 이 가스가 몸밖으로 빠져나오는 것이 방귀이다.
사람들은 보통 하루에 13~15회 방귀를 뀐다. 탄산음료와 보리, 고구마, 콩, 밀, 땅콩, 우유, 양배추, 브로콜리, 오이, 양파 등은 방귀를 많이 나오게 하는 음식이고, 단백질이 많은 고기나 콩, 계란 등을 많이 먹은 날 방귀를 뀌면 냄새가 아주 고약하다. 방귀는 음식 이외에도 몸 상태에 따라 달라질 수 있다.

2. [예시답]
   ① 풍비박산 ② 혼담 ③ 처자 ④ 자자하다
   ⑤ 부랴부랴

[길라잡이]
요즘에는 '처자'라는 단어보다 '처녀'라는 단어를 더 많이 사용한다. 비슷한 말이다. 그리고 '부랴부랴'라는 단어는 불이 났을 때, '불이야불이야' 하고 부산을 떤다고 해서 이 말로부터 '부랴부랴'라는 단어가 나왔다. '풍비박산(風飛雹散)'은 학생들이 '풍지박산'으로 잘못 알고 있는 경우가 많으니 바로잡을 필요가 있다.

책을 다시 읽는 아이들 (6~7쪽)

1. [정답] | 사흘마다 한 번씩 방귀를 뀌는 것
2. [정답]
어른들이나 신랑 앞에서 방귀를 뀔 수 없어 계속 방귀를 참아서
[길라잡이]
방귀를 잘 뀌는 처자가 이웃 마을로 시집을 갔는데 시어른들이나 신랑 앞에서 방귀를 뀌지 못하고 계속 참아 얼굴이 누렇게 되었다는 것을 알 수 있다.
3. [정답] | 아버님 : 가마솥, 어머님 : 문고리
[길라잡이]
그동안 참고 참았던 방귀를 가족들이 뀌라고 하자 며느리는 방귀를 뀔 준비를 한다. 너무나도 강한 방귀임을 알기 때문에 며느리는 가족이 다칠까 봐 시아버지는 가마솥을 잡고 시어머니는 문고리를 잡고 서방님은 아무 거나 꽉 붙잡으라고 하면서 시원하게 방귀를 뀐다.
4. [정답]
며느리가 방귀를 뀌고 나서 집안이 풍비박산이 나자, 방귀 한 번 더 뀌었다가는 집터만 남게 생겨서.
[길라잡이]
며느리의 방귀로 집안이 풍비박산이 나자 가족은 걱정스러운 마음에 며느리를 친정으로 돌려보내기로 한다.
5. [정답] | 비단 장수와 놋그릇 장수
[길라잡이]
고개 넘어온 비단 장수와 놋그릇 장수는 청실배나무 그늘 아래서 쉬다가 먹음직스럽게 주렁주렁 열린 배를 보자 먹고 싶어 했다. 하지만 그들은 배가 너무 높은 곳에 달려 있어서 딸 수가 없었다.
6. [정답] | 배나무에 대고 방귀를 뀌어서
[길라잡이]
며느리가 배나무에 대고 방귀를 뀌자 후두두둑 배가 쏟아져 내린다.
7. [정답] | 며느리 덕분에 부자로 살 수 있게 되어서
[길라잡이]
배를 따 주고 귀한 물건을 얻게 되자, 시아버지는 며느리를 데리고 왔던 길을 되돌아 집으로 간다.
8. [정답] | 비단, 놋그릇
[길라잡이]
다시 집으로 돌아온 며느리는 반씩 갈라 받은 비단이랑 놋그릇을 팔아 부자로 잘살게 된다.

 ### 책을 깊게 읽는 아이들 (8~9쪽)

1. [예시답]
어른들이나 신랑 앞에서 방귀를 뀔 수 없어서 참았다. / 어른들이나 신랑 앞에서 방귀를 뀌면 책잡힐까 봐 꾹 참았던 것이다.
[길라잡이]
어른들이나 신랑 앞이라서 조심스럽고 부끄러운 마음이 들어 마음 놓고 방귀를 못 뀌었다는 것을 이해해야 한다.
2. [정답] | ⑤
[길라잡이]
'거시기'는 하려는 말이 얼른 생각나지 않거나 바로 말하기가 거북할 때 쓰는 말이다. 며느리의 누렇게 뜬 얼굴을 보고 시아버지가 '거시기하구나'라고 한 말은 무슨 일이 있어 그러한가 걱정이 되어 한 말이므로, ⑤ 걱정스럽구나로 바꿔 쓸 수 있다. 보통 어휘가 부족한 사람들이 '거시기'나 '저거' 등의 대명사를 사용하지만, 가능하면 정확한 명사를 사용하는 것이 자신의 의사를 분명히 표현하는 데 도움이 된다.
3. [예시답]
· 방귀를 심하게 뀐다 해서 친정으로 돌려보내는 가족들에게 야속한 마음이 들 것이다.
· 나는 왜 방귀를 심하게 뀌어 주변 사람들을 힘들게 할까 하는 생각을 한다.
[길라잡이]
심한 방귀를 뀌어 친정으로 되돌아가는 며느리의 입장에서 생각해 본다. 가족들에게 야속한 마음이 들 수도 있을 테고 방귀를 뀌는 자신을 되돌아 볼 수도 있다.
4. [예시답]
· 며느리를 친정으로 되돌려 보내려던 것이 미안하다.
· 비단과 놋그릇을 얻게 해 줘서 고맙다.
· 사람의 단점이 장점이 되는 경우도 있구나.
[길라잡이]
등장인물의 마음을 알기 위해서는 그 인물의 입장에서 생각해 본다. 즉, 친정으로 되돌려 보내려던 며느리 덕분에 비단과 놋그릇을 얻은 시아버지 입장이 되어 생각해 보고, 미안함과 고마움이란 뜻이 들어가도록 지도한다.
5. [예시답]
· 집으로 돌아와 기분이 좋을 것이다.
· 가족들이 함께 살게 되어 행복한 마음이 들 것이다.
· 앞으로 며느리는 가족들 앞에서도 방귀를 참지 않아도 돼 마음이 편할 것이다.
[길라잡이]
시아버지와 며느리가 집으로 돌아옴으로써 온 가족이 함께 살게 되어 행복한 마음을 표현하는 것이 일반적이다.

책을 내 것으로 만드는 아이들(10~11쪽)

1. [예시답]
   · 도둑이 들었을 때 방귀로 혼을 내준다.
   · 방귀로 과일을 따서 내다 팔아 부자가 된다.
   · 한 여름에 방귀로 바람을 일으켜 시원하게 해 준다.
   [길라잡이]
   며느리는 방귀로 배를 따 주고 귀한 물건을 얻어 며느리와 가족들이 부자로 살게 되었다. 그 뒤 며느리는 방귀를 어떻게 이용했을지 재미있는 일들을 자유롭게 상상해 본다.

2. [정답]
   · 방귀를 심하게 뀐다고 며느리를 친정으로 돌려보내는 것은 너무 심하다고 생각한다.
   · 가족이라면 허물도 보듬고 사랑으로 이겨 내야 하는데 며느리를 친정으로 보내는 건 너무 이기적이다.
   · 방귀 한 번 더 뀌었다가는 집터만 남게 생겨서 며느리를 친정으로 보내는 가족들의 마음도 이해가 된다.
   [길라잡이]
   며느리가 방귀를 심하게 뀌어서 가족들이 며느리를 친정으로 되돌려 보내는 행동에 대해서 여러 가지 의견을 낼 수 있다. 보내는 일이 너무 심하다는 쪽과, 보낼 수밖에 없는 일이라는 쪽으로 나뉠 수 있다. 각자 생각하는 대로 자유롭게 쓰도록 한다.

3. [예시답]
   부모님 심부름을 잘한다, 내 방 정리를 잘한다, 동생을 잘 돌본다. 줄넘기를 잘한다, 그림을 잘 그린다, 축구를 잘한다, 노래를 잘한다, 공부를 잘한다.
   [길라잡이]
   학습뿐만 아니라 부모님 심부름을 잘한다거나 동생을 잘 돌본다 등 인성적인 측면에서 잘하는 것도 의미 있는 것이라고 칭찬해 준다.

4. [예시답] 〈가장 재미있었던 장면〉
   · 그동안 참고 참았던 방귀를 뀌는 장면
   · 방귀를 뀌어 온 집안이 풍비박산이 난 장면
   · 며느리가 배나무에 대고 방귀를 뀌자 배가 후두두둑 떨어지는 장면
   [길라잡이]
   아이들이 재미있게 하는 독후 활동 중의 하나가 독후 감상화를 그리는 것이다. 자유롭게 그리도록 한다. 그리기 어려워하는 아이들에게는 재미있는 장면을 이야기해 본 후 책 속의 장면을 머릿속에 그려 보게 한다. 그림을 그린 후 어떤 장면인지 설명해 보게 함으로써 아이들이 내용을 제대로 파악했는지도 알 수 있다.

아이들을 위한 PSAT와 LEET(12~13쪽)

1. [정답] | ④
   [길라잡이]
   제시문을 근거로 알 수 있는 사실을 추론하는 문제이다. ① 며느리는 시도 때도 없이 방귀를 뀐 것이 아니라 사흘마다 한 번씩 방귀를 뀌었고, ② 시집에서는 방귀를 뀌지 못해 얼굴이 누렇게 변했으며, ③ 이야기에는 시집을 가기 싫은데 어쩔 수 없이 갔다는 표현이 없다. ⑤ 며느리가 방귀를 잘 뀐다는 것은 비밀이었으므로 동네 사람들 아무도 몰랐을 것이다. ④ 며느리가 방귀를 잘 뀐다는 것은 부끄러운 일이라서 꾹 참고 있었던 것이므로 정답은 ④이다.

2. [정답] | ①
   [길라잡이]
   글 (나)의 일이 일어난 까닭은 글 (가)에서 표현한 바와 같이 방귀를 심하게 뀌어서 집안이 풍비박산 났기 때문이다.

3. [정답] | ⑤
   [길라잡이]
   제시문의 핵심을 파악하여 그 의미와 비슷한 사자성어를 추론하는 문제이다. 며느리는 방귀 때문에 집안이 풍비박산 나자 친정으로 되돌아가다, 방귀 덕분에 배를 따서 귀한 물건을 얻게 되어 집으로 되돌아와 부자로 살게 된다는 내용이다. 이 내용에서 알 수 있듯이 인생의 모든 일에는 나쁜 것인 줄 알았는데 좋은 일이 되기도 하고 화를 낼 일이 도리어 복을 받는 일로 바뀌는 경우가 허다하다. 미래는 항상 바뀌어 미리 알 수 없다는 뜻이므로, ⑤ 새옹지마의 뜻과 가장 비슷한 교훈을 지닌다고 볼 수 있다. ①의 풍비박산은 (가)와 (나)에만 해당된다.
   [도움글]
   사자성어(四字成語)란 중국의 고사에서 유래하여 비유적인 내용을 담은 함축된 글자로 상황, 감정, 사람의 심리 등을 묘사한 말이다. 주로 네 글자로 된 것이 많기 때문에 사자성어라 일컫는다. 일상생활이나 글에 많이 사용된다.

그 소문 들었어?

책을 펴는 아이들(15쪽)

1. [길라잡이]
   도서 제목과 표지의 그림이 어떤 연결고리를 가지고 있을지 학생들이 자유롭게 상상해 보는 발문이다. 다소 엉뚱하고 개연성이 적은 답이 나오더라도 선생님들의 재치 있는 반응으로 수업에 대한 호기심을 이끌어 낼 수 있다.

2. [정답]
① 난폭 / ② 변두리 / ③ 황폐 / ④ 쓴웃음 / ⑤ 방심
⑥ 이간질 / ⑦ 입방아 / ⑧ 폭정

책을 다시 읽는 아이들(16~17쪽)

1. [정답]

책 내용	사실	거짓
① 금색 사자는 자신의 금빛 갈기를 뽐내는 것을 좋아한다.	○	
② 금색 사자는 은색 사자에 대한 소문을 스스로 확인해 보았다.	○	
③ 동물들은 은색 사자에 대한 나쁜 소문을 의심하지 않고 처음부터 믿었다.		○
④ 금색 사자는 모든 동물들이 소문을 들을 때까지 계속 소문을 퍼트렸다.		○

[길라잡이]
등장인물의 대사와 행동을 통해 사건의 주요 내용을 정확히 파악할 수 있는지 확인하는 문제이다. 금색 사자는 은색 사자가 있는 곳을 찾아가 직접 눈으로 확인했다. 금색 사자의 말에 동물들은 처음에는 진짜일까 반신반의 했지만 소문은 빠르게 눈덩이처럼 커져서 금색 사자의 노력 없이도 멀리 퍼져나갔다.

2. [정답]
자신만이 멋진 금색 갈기를 가지고 있고, 동물 나라에서 부자이기 때문이다. 다른 동물들이 부러워하는 금색 갈기를 갖고 태어났기 때문에 자신은 하늘이 선택한 존재라고 생각한다. (3쪽) 다른 동물들보다 스스로 위대하다고 생각하기 때문이다.

3. [예시답]
은색 사자에 대한 소문이 사실인지 알아본 후 은색 사자를 모함하는 거짓 소문을 퍼트렸다.

4. [정답] | 표범과 얼룩말
[길라잡이]
얼룩말은 문장 속에는 없지만 삽화에 등장한다. 그림책의 삽화 역시 작가의 메시지가 담겨있기 때문에 책을 꼼꼼히 읽는 습관을 지도할 수 있다.

5. [예시답]

소문을 듣기 전	소문을 들은 후
마음씨가 아주 곱고 착한 마음을 지녔다. 다른 동물들을 도와주고 배려해 주는 따뜻한 사자이다. 힘이 세지만 얌전하다.	친구를 때리고 먹을 것을 빼앗는 나쁜 행동을 한다. 약한 동물들을 괴롭히고 위험에 빠뜨린다. 폭력적이고 거칠고 사납다.

6. [정답] | 올빼미, 작은 새

7. [예시답]
모두 같은 소문을 듣고 같은 이야기를 알고 있다는 이유로 사실이라고 믿었다.

[길라잡이]
제목 〈그 소문 들었어?〉와 연결지어 설명할 수 있다. 서로 같은 내용을 알고 있다면 무조건 사실일 것이라고 믿는 것이 거짓 소문이 빠르게 퍼져 나간 원인임을 추론할 수 있다.

8. [예시답]
황금을 얻기 위해 모든 것을 황금으로 만들게 하였다. 황금과 땅을 차지하기 위해 다른 나라와 전쟁을 벌였다. 동물 백성들에게는 관심을 갖지 않고 자신의 욕심을 채우기 위해 마음대로 나라를 다스렸다.

[길라잡이]
1~8의 질문은 아이들이 책을 정독했는지 점검하는 활동이다. 정독을 했더라도 기억이 나지 않는 부분은 책을 찾아보도록 지도한다. 답을 찾는 과정에서 스토리와 함께 삽화의 의미를 생각해 볼 수 있도록 지도한다. (책 속의 그림을 볼 때, 소문이 눈덩이처럼 불어나는 장면과 소문을 퍼트리는 동물들은 검은색으로 색칠된 점도 언급해 준다.)

책을 깊게 읽는 아이들(18~19쪽)

1. [예시답]
거리를 두어야겠는걸? 어떻게 될지 모르잖아.
[길라잡이]
해당 그림은 동물들이 소문이 사실인지 아닌지 궁금해하지 않고 그대로 믿어 버리는 모습을 말하고 있다. 떠도는 소문이 사실인 것처럼 왜곡되는 과정을 보여 주고 있음을 알려 준다. 한 사람이 아니라 여러 사람의 입을 거치면 확인되지 않은 소문이 사실인 것처럼 바뀔 수 있다.

2. [예시답]
동물들은 다른 의견을 들으려 하지 않았다. 소수의 다른 의견을 무시한다.
모두가 아는 내용이면 다 사실이라고 생각해 버린다.
[길라잡이]
많은 사람이 믿고 있는 것도 사실이 아닐 수 있고, 몇몇의 사람들만 알고 있는 사실도 거짓말처럼 보일 수 있다. 그러나 소수의 사람만이 아는 사실이 진실일 수 있다. 지문의 문장들은 확실한 증거가 없는 한 다른 사람의 의견을 무시해서는 안 된다는 사실도 알려 주고 있다.

3. [예시답]
은색 사자는 소문이 가지는 힘에 대해 중요하게 생각하지 않았다. / 진실은 시간이 지나면 밝혀지는 것이라고 믿고 있었다. / 은색 사자는 동물나라의 동물들이 자신의 마음을 알아 줄 것이라 믿었다. / 소문이 가짜라고 일일이 설득하는 것이 귀찮았을 것이다.

[길라잡이]
진실이 왜곡되는 상황을 외면하는 것 또한 무책임한 행동이다. 은색 사자의 소극적인 대처도 결과적으로 결과에 나쁜 영향을 끼쳤다는 것을 아이들 스스로 찾아낼 수 있도록 지도한다.

4. [예시답]
동물들이 퍼트린 가짜 소문이 점점 사실인 것처럼 알려졌다. 가짜 소문을 믿은 많은 동물이 나쁜 금색 사자에게 투표했다. 마음씨 고약한 금색 사자는 자기 마음대로 나라를 다스렸고 결국 그 나라는 아무도 살지 못하는 땅이 되었다.

[길라잡이]
나라가 망한 이유는 결국 가짜 소문을 사실이라고 믿고 왕을 뽑았다는 데 있다. 누구의 잘못이 더 큰지는 따져 보아야겠지만, 동물들도 잘못했다는 사실은 분명하다.

5. [예시답]
불확실한 소문에 대해서는 반드시 사실을 확인해야 한다는 것을 말하고 있다. / 소문의 사실 여부가 중요하다는 것을 말하고 있다. / 소문이 사실인지를 알기 전에는 다른 이들에게 전하면 안 된다는 사실을 말하고 있다.

[길라잡이]
들쥐의 대사에서 추론할 수 있는 뒤늦은 깨달음과 후회, 반성의 감정을 읽어낼 수 있어야 한다. 더불어 한 단계 더 심화하여 이 책의 주제인 진실을 찾기 위해서는 노력이 필요하다는 교훈까지도 학생들 스스로 찾아낼 수 있도록 지도한다.

🐘 책을 내 것으로 만드는 아이들(20~21쪽)

1. [예시답]
우리 주변에서도 찾아볼 수 있는 이야기이다. / 진짜로 일어날 수 있는 이야기라고 생각한다.

[길라잡이]
우화의 속성을 설명하고 우화의 본질은 인간 세상에 대한 풍자임을 이해시킬 수 있는 문제이다.

2. [예시답]
행동 : 자신에 대한 거짓 소문이 어디에서 시작되었는지 찾아 나서야 한다. / 소문을 퍼트리는 동물들에게 직접 가서 사실이 아니라는 것을 밝혀야 한다. / 사실을 알고 있는 올빼미 아줌마와 작은 새의 도움을 받아서 동물들에게 거짓 소문이라는 것을 끝까지 가려야 한다. 또 금색 사자와 소문을 퍼트린 동물들에게 사과를 받아야 한다. / 금색 사자에게는 거짓 소문을 퍼트린 벌을 주어야 한다.
결과 : 동물들은 들리는 소문을 그대로 믿고 퍼트리는 일이 잘못이라는 사실을 알게 될 것이다. 동물나라 왕을 뽑을 때 사실이 무엇인지 알아보고 왕을 뽑을 것이다. 은색 사자가 왕이 되어 동물 나라는 살기 좋은 곳이 될 것이다.

[길라잡이]
학생들마다 다른 선택을 할 수 있다는 것을 가정하고 그 선택에 대한 결과를 추론하는 질문이다. 획일화된 답보다는 학생들의 다양한 생각을 유도하는 것이 좋다.

3. [예시답]
은색 사자 : 자신을 오해한 친구에게 서운한 마음이 있지만 친구가 사과할 때까지 기다리는 친구
들쥐, 토끼, 고양이, 여우 : 친구에 대한 질투심 때문에 거짓 소문을 퍼트린 미라(〈악플 전쟁〉, 별숲, 이규희) / 전학 온 친구에 대한 소문을 듣고 다른 친구들에게 전달하는 학생 / 친구에 대한 험담을 듣고 다른 친구에게 다시 전달하는 친구.
금색 사자 : 조회수를 올리기 위해 연예인에 대한 가짜 뉴스를 올리는 유튜버 / 자기편을 당선시키기 위해 가짜 뉴스를 만드는 선거 운동가

[길라잡이]
학생들에게 어려운 질문일 수 있으므로 선생님이 몇 가지 사례를 나열해서 비슷한 사례를 찾을 수 있도록 지도하는 것도 좋다. 예시로는 사실이 아닌 일을 뉴스로 만드는 사람들, 친구에 대한 소문을 마구 퍼트리는 학생들, 방송에 나오는 이야기들을 무조건 믿어버리는 사람들, 잘못된 정보를 알고도 고치려고 하지 않는 사람들 등의 예시를 제시할 수 있다.

4. [예시답]
* 금색 사자는 동물들을 위해 노력하는 모습을 보여 주어야 했다. / 금색 사자는 상대방을 깎아내리는 행동이 아니라, 자신이 더 좋은 후보라는 것을 보여 주는 정정당당한 승부를 했어야 했다. / 동물들의 왕이란 동물들과 동물나라를 위하는 사람이어야 하므로 자신이 그런 동물이라는 것을 보여 주어야 한다.

[길라잡이]
금색 사자의 그릇되고 탐욕스러운 행동이 어떤 점에서 잘못된 것인지를 알고 정당한 승부는 어떤 것인지 생각해 보게 한다.

5. [예시답]
* 거짓 소문을 만든 금색 사자에게 가장 큰 잘못이 있다. 그 이유는 가짜 소문을 퍼트리지 않으면 나쁜 일도 일어나지 않았을 것이기 때문이다.
* 소문을 의심도 하지 않고 그대로 퍼트린 동물들이 가장 큰 잘못을 했다. 그 이유는 거짓 소문을 만들어 내는 것만큼이나 소문을 퍼트리는 것도 나쁜 행동이기 때문이다. 사실인지 아닌지도 스스로 확인해 보지도

않고 퍼트리는 것은 무책임한 행동이다.
* 은색 사자에게 큰 책임이 있다. 동물들이 잘못된 소문을 그대로 옮기는 것을 알면서도 사실을 밝히려고 노력하지 않았기 때문이다. 힘들더라도 잘못된 소문을 바로 잡아야 하는 책임도 있다.

[길라잡이]
어떤 주장을 하든 상관이 없지만 그 근거는 적절해야 한다.

6. [예시답]
떠나간 동물들이 다시 돌아올 수 있게 나쁜 사자를 몰아내야 한다. / 나쁜 방법으로 왕이 된 금색 사자를 쫓아내고 은색 사자를 왕으로 뽑아야 한다. / 금색 사자가 빼앗아간 금들을 다시 찾아내서 나라를 살리는 데 써야 한다. / 떠나간 동물들이 다시 모여 나라를 예전처럼 만드는 방법을 토론해야 한다.

[길라잡이]
떠나간 동물들이 다시 모일 수 있는 방법은 무엇일지를 학생들이 찾아낼 수 있도록 지도한다.

 아이를 위한 PSAT와 LEET(22~23쪽)

1. [정답] | ③
[길라잡이]
설명 방식을 이해하는 문제로서 학생들이 약간 어려워할 수 있는 문제이다. 설명 방식 중 원인과 결과, 예시의 방법을 이해해야 문제를 풀 수 있다. 지문은 "누군가에게 유리한 소문은 몇 번이라도 확인해야" 한다고 하면서 세 가지 질문을 하고 있는데, 이는 확인하는 방법에 해당하는 사례들이라고 할 수 있다. 따라서 정답은 ③이다. 다시 말해 ㉠의 문장들은 사람들이 당연하다고 생각하는 것들을 한 번 더 비판적으로 생각해 보는 것이 필요하다는 것을 구체적인 사례를 들어서 설명하고 있다는 뜻이다. 이 문장들이 결과나 원인이라면 '그러므로'나 '왜냐하면'이라는 단어를 넣었을 때 자연스러워야 하는데, 어색할 뿐만 아니라 적절하지도 않다. ④는 호기심을 불러일으키는 질문이라고 해도 이 글에는 '호기심'이 나와 있지 않아서 정답이 아니다. 그리고 이와 같은 질문이 우리가 꼭 알아야 하는 질문이 아니므로 이 또한 정답과는 거리가 멀다. 원인과 결과는 "배가 아팠다. 그래서 학교에 결석했다."라는 식의 예를 들어도 좋고, "내가 선물을 산 까닭은 친구가 생일 파티에 초대했기 때문이다."라는 식의 쉬운 문장을 예로 들어서 학생이 원인과 결과를 찾을 수 있도록 추가 설명을 덧붙일 수 있다. 작가는 '몇 번이라도 확인해야 해'라는 문장을 더 자세하게 설명하기 위해 예시의 방법을 활용했다. 예시는 구체적인 사례를 들어 이해하기 쉽게 설명하는 방법이다. 학생들이 잘 이해하지 못한다면 "나는 운동을 좋아한다. 축구, 피구, 야구는 내가 좋아하는 운동이다."와 같은 문장을 예로 들어 자세하게 설명해 줄 필요가 있다.

2. [정답] | ⑤
[길라잡이]
㉠은 소문의 진위 여부를 알기 위한 노력이 필요하다는 주제를 압축한 문장이므로 ⑤가 정답이다. ①은 진위 여부를 알고자 결정한 후에 나올 수 있는 방법에 관한 이야기이므로 거리가 먼 답이고, ②는 사실과 다른 말이므로 오답이다. 그리고 ③은 소문의 발생지에 관한 이야기이므로 정답이 아니다. ㉠은 소문의 발생지가 중요하다고 말하는 것이 아니라 소문의 진실 여부를 확인해야 한다는 말이다. 그리고 ④는 지문과 관계가 없는 말이므로 정답이 아니다.

3. [정답] | ①
[길라잡이]
지문의 의미를 파악하여 속담을 추론하는 문제이다. 밑줄 친 문장은 소문이 소리 없이 널리 퍼졌다는 의미이다. 따라서 그와 비슷한 의미의 속담을 찾으면 된다. ①은 소문이 입을 통해 먼 곳까지 퍼져나간다는 사실을 표현한 속담이므로 이것이 정답이다. ②는 단지 시간상 앞서 일어난 사건일 뿐인데 그 사건이 뒤에 일어난 사건의 원인이라고 의심받는 상황을 비유적으로 표현한 속담이다. 이것은 지문과 관련이 없다. ③과 ④는 말과 관련된 속담으로 말하는 습관이 중요하고 올바른 말을 해야 한다는 의미라고 할 수 있다. 따라서 지문과 관계가 없다. ⑤는 말은 언제나 새어 나가기 마련이니 늘 말조심하라는 뜻으로 지문의 문장과 관련성은 있지만 소문이 퍼져나가는 현상과는 거리가 있으므로 ①의 속담이 더 적절하다고 하겠다. 말의 중요성을 이야기할 때는 '말 한마디로 천 냥 빚을 갚는다.', '혀 아래 도끼 들었다.' 등 말과 관련된 속담을 추가로 설명해 주는 것도 좋을 것이다.

4. [정답] | ④
[길라잡이]
이 지문의 첫 문장인 '새로운 왕은 나라를 자기 멋대로 다스렸습니다.'는 문장은 '폭정'이라는 단어로 요약할 수 있다. 금색 사자의 사치로 백성들이 모든 것을 잃었다는 문장을 '황폐화'로 요약할 수 있기 때문에 ④가 정답이다. ①와 ③의 '사치가 심한 왕'이나 '독재'는 지문의 일부에만 해당하고, ②의 "새로운 왕의 욕심 때문에 백성들은 화가 났습니다."라는 문장은 지문의 결과일 수는 있어도 전체의 글을 요약한 내용일 수는 없다. 따라서 정답이 아니다. ⑤는 금을 사들여 독차지했다고 했으므로 빼앗다고 말하기는 어려우므로 오답이다.

화요일의 두꺼비

책을 펴는 아이들(25쪽)

1. [예시답]
   - 두꺼비와 올빼미가 등장할 것이다. 숲에 사는 동물들이 등장할 것이다.
   - 눈이 덮힌 것을 보니 겨울이다. 털모자와 목도리를 쓰고 있으니 겨울이다.
   - 저 멀리 커다란 새가 날아오는 것을 보니 두꺼비가 잡혀 갈 것 같다.

   [길라잡이]
   표지에 나타난 상황을 보고 짐작해 보도록 유도한다.

2. [예시답]
   파리, 나방, 잠자리, 메뚜기, 애벌레, 지렁이, 등

   [길라잡이]
   두꺼비에 대한 기초 상식들을 함께 설명해 준다. – 두꺼비는 양서류이며, 개구리와 닮았다. 피부에 오돌토돌한 돌기가 많이 나 있고, 위험에 처하면 피부로 독을 퍼뜨리거나 귀밑샘에서 부포톡신이라는 독액을 분비한다.

3. [예시답]
   들쥐, 사슴쥐, 작은 새, 개구리, 두꺼비, 뱀, 곤충 등

   [길라잡이]
   올빼미에 대한 기초 상식들을 함께 설명해 준다. – 올빼미는 올빼미과의 육식 동물이며, 몸길이는 약 38cm정도이다. 낮에는 나뭇가지에 앉아 쉬다가 어두워지면 활동한다. 천연기념물 324-1호이며 2012년 멸종위기 야생 생물 2급으로 지정되어 보호받고 있다.

4. [예시답]
   - 두꺼비의 천적은 올빼미이다.
   - 쥐는 천적인 뱀을 무서워한다.
   - 영주와 미진이는 천적처럼 만나기만 하면 싸운다.

   [길라잡이]
   천적(天敵)의 뜻을 함께 살핀다. 설명에 등장하는 동물을 활용하거나 비유적 표현으로 쓸 수 있도록 지도한다.

책을 다시 읽는 아이들(26~27쪽)

1. [정답] | 모턴 – 형 – 요리 / 워턴 – 동생– 청소

   [길라잡이]
   두꺼비 형제의 형인 모턴은 요리를 잘한다. 과자를 잘 만들고, 맛있는 딱정벌레 과자를 만들었다는 것도 생각할 수 있도록 지도한다.

2. [정답] | 클로버 꽃차와 딱정벌레 과자

   [길라잡이]
   차와 과자의 종류를 정확히 적을 수 있도록 지도한다.

3. [정답] | 툴리아 고모께 딱정벌레 과자를 갖다주려고 한다.

   [길라잡이]
   이렇게 맛있는 딱정벌레 과자는 처음이라고 느낀 워턴은 툴리아 고모를 생각하고는 이 과자를 툴리아 고모 댁에 갖다주려고 한다. 그러나 지금은 한겨울이고 툴리아 고모 댁은 너무 멀어서 형이 놀라는 것은 당연하다.

4. [정답]
   촘촘히 짠 스웨터 세 벌과 두툼한 외투 네 벌을 껴입고, 두꺼운 장갑 두 켤레를 끼고, 귀까지 덮이는 따뜻한 모자를 쓴다. 참나무 뿌리로 스키를 만들고, 고슴도치의 가시로 스키 봉을 만들고 도롱뇽 가죽으로는 묶는 끈을 만든다.

   [길라잡이]
   추운 겨울에 두꺼비가 얼지 않기 위해서 단단히 차비를 하는 장면과 쌓인 눈 위를 지나기 위해 만든 것들을 생각해 보도록 지도한다.

5. [정답] | 딸꾹질, 그루터기, 따뜻한 차

   [길라잡이]
   16쪽~19쪽 참조. 워턴이 사슴쥐가 위험에 빠진 것을 발견하고 구해 주는 장면이다. '따뜻한 차'는 '차'라고 해도 정답으로 인정해 준다.

6. [정답]
   올빼미는 워턴에게 한겨울에 두꺼비를 잡았으니, "난 아주 특별한 생일 선물을 얻은 셈"이라며 "다음주 화요일에 잡아먹을 것"이라고 말한다.

   [길라잡이]
   올빼미가 왜 다음주 화요일에 잡아먹으려 하는지 찾을 수 있도록 지도한다.

7. [정답]
   매일 차를 끓여 마시고 올빼미와 이야기를 나눈다, 올빼미의 집을 정리한다, 모턴이 챙겨 준 샌드위치를 먹는다, 탈출할 생각을 한다, 등.

   [길라잡이]
   자주 하는 것을 위주로 이야기하도록 지도한다.

8. [정답] | 스웨터의 털실로 사다리를 만든다.

   [길라잡이]
   올빼미가 없는 동안 워턴은 온종일 콧노래를 흥얼거리며 스웨터의 털실로 사다리를 만든다. 그리고 올빼미가 돌아올 때가 되면 줄사다리와 스웨터를 배낭 속에 숨긴다.

9. [정답] | 찾아온 동물 : 사슴쥐 씨이
   찾아온 까닭 : 워턴의 탈출을 돕기 위해

[길라잡이]
사슴쥐 씨이는 워턴이 숲속을 여행하는 것을 쭉 지켜본다. 빨간 목도리를 두르고 있는 걸 보고, 돌담에 부딪혔을 때 워턴에게 속삭인 적이 있다.

10. [정답]
사나운 여우한테 공격받아 빠져나오려고 몸부림치고 있다.
[길라잡이]
조지는 눈밭에서 목숨을 건질 가망 없이 힘없이 날개를 파닥거리며 여우에게서 빠져나오려고 몸부림치고 있었다.

 ## 책을 깊게 읽는 아이들(28~29쪽)

1. [예시답]
– 워턴 : 올빼미에게 이름이 없다는 게 이상하다, 올빼미의 이름이 궁금하다, 친구가 없는 올빼미를 보며 안타깝게 생각한다, 등.
– 조지 : 자신의 이름을 묻는 워턴 때문에 당황스럽다. 친구를 '그딴 거'라고 말하는 걸로 보아 친구의 소중함을 모른다. 혼자 지내도 괜찮은 척하는 것 같다. 이름을 생각해 보는 말투에는 자신이 없으면서도 조지라고 불리기를 바라는 것 같다.
[길라잡이]
워턴은 누구나 이름이 있고 친구가 있어야 할 것 같은데, 올빼미에게는 이름도 없고 친구도 없다는 것이 이상하다. 올빼미가 이름이나 친구를 생각한 적이 없었다는 사실을 통해 이름이나 친구가 없다는 것을 알 수 있다. 조지는 혼자 지내 왔기 때문에 누군가 자신의 이름을 묻는 것이 당황스러울 것이다. 아이들의 말이나 글에는 이런 배경이 담기면 무난할 것이다.

2. [예시답]
O, O, O, X, O
[길라잡이]
워턴은 올빼미에게 잡혀가서도 콧노래를 부르며 청소를 하고, 차를 따라 나눠 마실 정도로 매사에 낙천적이고 긍정적인 편이다. 또한 올빼미와 맛있는 차를 나눠 마시고, 툴리아 고모에게 딱정벌레 과자를 나눠 주려는 것에서 맛있는 것을 다른 사람과 나누고 싶어 한다는 것을 알 수 있다. 워턴은 올빼미에게 잡혔을 때 나를 잡아먹을 것인가를 묻거나, 올빼미의 집에 도착했을 때 끔찍하다고 말하는 등 자신이 할 말을 하는 편이다. 워턴은 올빼미가 시키지 않아도 스스로 차를 끓여 나눠 먹기도 하고, 매일 청소를 한다.
그러나 매일 울지는 않는다.

3. [예시답]
O, X, X, X, O
[길라잡이]
조지는 자신의 생일날 먹을 음식을 정해 놓고 기다리므로 계획을 세우고 실천하는 편이다. 하지만 집을 깨끗이 치우지 않고, 친구를 사귀지 않는 편이다. 워턴을 바로 잡아먹기보다 다음주 화요일까지 기다리기로 마음먹는다. 조지는 워턴이 하고 싶은 것을 할 수 있도록 두기 때문에 워턴이 자신의 기준대로 청소를 하고 차를 마시며 쉴 수 있었다.

4. [예시답]
워턴은 아주 낙천적이고 긍정적이다.
[길라잡이]
워턴의 성격과 함께 자신의 일상을 돌아보며 답할 수 있도록 지도한다.

5. [예시답]
– 책 속의 문장 : '그래, 어쩌면 조지는 날 잡아 먹지 않을지도 몰라!'
– 워턴이 조지의 행동을 보고 예측한 것 : 올빼미가 날마다 조금씩 일찍 돌아오는 것, 자기랑 즐겁게 수다를 떨던 일, 가끔은 올빼미가 다정하게 굴었다는 느낌 등.
– 나의 생각 : 나도 책을 읽으며 매일 워턴과 같이 차를 마시고 이야기를 나누는 올빼미의 모습이 행복해 보였다. 그래서 잡아먹지 않고 친구가 되었으면 좋겠다고 생각했다.
[길라잡이]
58쪽 참조. 워턴은 줄사다리를 열심히 만들면서도 조지가 자신을 잡아먹지 않을지도 모른다는 생각을 한다.

6. [예시답]
1) 올빼미가 돌아왔을 때, 워턴이 반갑게 인사하지만 올빼미는 얼음같이 싸늘한 눈초리로 워턴을 노려본다.
2) 여우 때문에 하루 종일 굶었다는 사실을 듣는다.
3) 하루 종일 굶은 올빼미가 자신을 살려 둘 리 없다고 생각한다.
4) 폭풍이 몰려온다고 했기 때문에 먹이를 구하기 힘들어져서 워턴을 잡아먹을 것이라 생각한다.
[길라잡이]
조지가 배가 고프고 힘든 상황과 폭풍이 올 것이므로 먹이를 구하기 힘든 상황 등을 토대로 생각해 볼 수 있도록 지도한다. '워턴의 줄사다리를 휘몰아치는 바람 속으로 던졌다.'는 이미 워턴이 희망을 잃은 뒤이다. '얼마 후'라고 나오므로 정확한 답은 아니다. 하지만 '모든 희망이 사라져 버린 것'이라고 말하고 있으므로 추가 답을 쓰도록 유도해 준다.

책을 내 것으로 만드는 아이들(30~31쪽)

1. [예시답]
   1) 소파와 이불 / 올빼미가 집을 나선 뒤 1시간 쯤 후/ 소파에 이불을 두툼히 묶어 밖으로 던진다. 그 위로 뛰어 내린다.
   2) 올빼미의 옷가지와 수건들 / 올빼미가 멀리 날아간 것을 확인한 후 바로 / 옷가지들을 묶어 길게 늘어뜨리고 내려간다.
   3) 꿀이나 끈적이는 것 / 올빼미가 나간 후 한숨 푹 자고 일어난 후 / 푹 쉬고 발목을 조금이라도 더 낫게 하고 발에 꿀을 발라 나무를 타고 차근차근 내려간다.

   [길라잡이]
   아이들이 활용할 물건을 고를 때, 집에 없을 만한 것일지라도 탈출 방법이 구체적이라면 답으로 인정해 준다.

2. [예시답]

등장인물	중요한 말이나 행동	배울 점
모턴	워턴, 그런 생각을 한 건 기특해. 하지만 두 가지 문제가 있어~. (8쪽)	동생이 위험한 상황에 처할까 봐 설득하기 위해 차근 차근 이야기를 한다.
워턴	하지만 조지가 여우한테 잡아먹히는 걸 그냥 두고 볼 순 없어. (83쪽)	조지에게서 도망치는 상황이지만, 함께 생활했던 조지가 위험에 처한 것을 모른 척하지 않는다.
씨이	괜찮아. 이젠 걱정하지 마. 나랑 내 친구들이 구해 줄 테니까. (69쪽)	워턴을 구하기 위해 위험한 올빼미의 집까지 찾아가고 워턴을 안심시킨다.
조지	난 저녁에 먹을 물고기를 잡으러 이 개울에 왔어. 넌 노간주나무 열매차를 가장 좋아한다고 했잖아, 안 그래? (90쪽)	자신의 생일인데, 친구가(워턴) 좋아할 만한 것을 구하려고 노력한다. 친구를 기쁘게 해 주고 싶어 한다.

   [예시답]
   닮고 싶은 등장인물 : 워턴, 매사에 긍정적이고 낙천적이어서.

   [길라잡이]
   아이들이 고르는 중요한 말이나 행동은 자유롭게 쓰도록 하되, 어떤 점이 배울만한지 구체적으로 이야기하도록 한다.

3. [예시답]
   조지를 구하러 가야 한다.
   - 조지와 정이 들었기 때문이다. 조지에게 이름도 물어보고, 매일 차를 마시며 이야기를 나누었다. 친구처럼 가까워진 동물을 죽게 두어서는 안 된다.
   - 생명은 누구든 소중하기 때문이다. 워턴도 살고 싶었던 것처럼 조지도 살고 싶을 것이다. 생태계의 고리이지만 생명은 모두에게 소중하므로 도와줄 수 있다면 구하러 가야 옳다.

   조지를 구하러 가서는 안 된다.
   - 조지는 워턴을 잡아먹으려 했기 때문이다. 그날은 조지의 생일날이며, 워턴을 잡아먹기로 한 날이다. 만약 조지를 구하면 힘도 빠지고 배고픈 조지가 워턴을 잡아먹을 수 있으므로 구하러 가서는 안 된다.
   - 워턴은 여우와 싸워서 이길 수 없기 때문이다. 워턴은 조지보다도 약한 동물인 두꺼비이다. 도와주러 간다고 하지만 구하기는커녕 오히려 여우에게 둘 다 잡혀 먹을 것이므로 구하러 가서는 안 된다.

   [길라잡이]
   의견이 다른 친구들과 간단한 토론을 할 수 있다. 친구의 말을 잘 듣고, 자신의 생각을 논리적으로 펼칠 수 있도록 지도한다. 그리고 시간이 허락하면 입장을 반대로 하여 토론해 본다면 사고의 폭을 더 넓힐 수 있다.

4. [예시답]
   모턴과 워턴이 딱정벌레 과자를 먹는 장면 / 스키를 타고 출발하는 워턴의 모습 / 사슴쥐를 구해 주고 이야기 나누는 장면 / 올빼미에게 잡혀 올빼미의 집으로 날아가는 장면 / 올빼미 조지의 지저분한 집을 깨끗이 치운 모습 / 줄사다리 만든 것을 올빼미가 발견한 장면 / 조지와 여우의 대결 장면 / 사슴쥐들이 여우를 향해 달려가는 장면 / 워턴과 조지가 친구가 된 장면 등

   [길라잡이]
   3컷 만화로 표현하고 싶은 장면을 고르고, 컷마다 등장인물의 대화를 말주머니로 달거나 마음을 담은 생각주머니를 달아 준다. 친구들과 돌아가며 발표한 후 친구가 뽑은 장면에 대해 자신의 의견도 함께 말하며 합평할 수 있도록 지도한다.

아이들을 위한 PSAT와 LEET(32~33쪽)

1. [정답] | ④

[길라잡이]

이 지문은 워턴이 올빼미와 함께 노간주나무 열매 차에 대해 이야기 나누는 장면이다. 지문을 읽고 추론할 수 없는 것을 고르는 것이므로 아이들이 실수하지 않도록 지도한다.

①은 차를 마시기 좋아하는 워턴이 그렇게 맛있는 차는 처음이었다는 것으로 보아 맛있는 차임을 추론할 수 있다. ②는 워턴은 다양한 차를 마셔 보았고, 늘 차를 마시므로 차 마시기를 좋아한다는 것을 알 수 있다. ③은 지문에서 워턴이 '아무 데서나 자라지 않기 때문에'라고 말하는 것으로 보아 발견하기 어려운 열매임을 알 수 있다. ⑤는 워턴에게 사촌이 구하기 어려운 노간주나무 열매 차를 갖다 준 것을 근거로 추론할 수 있다. 지문은 워턴이 가장 좋아하는 차에 대해 이야기하고 올빼미는 듣고 있는 상황으로, 올빼미가 좋아하는 차를 추론할 수 없으므로 ④가 정답이다.

2. [정답] | ②

[길라잡이]

이 지문은 워턴과 조지가 '낮에 돌아다니는 것'에 대해 대화를 나누는 장면이다.

보기에서 ①은 조지가 벌집에 부딪혀 밤에 날기가 무서워진 것이므로 재미있지 않다. ③과 ⑤는 워턴이 조지에게 '올빼미들이 다 자는 낮에 돌아다니는 건 좀 치사'하다고 말하는 것으로 보아 정답이 아니다. 지문에서 올빼미가 '나는 밤새도록 깨어 있지 못해.'라고 말하는 것으로 보아 ②가 정답이다.

3. [정답] | ⑤

[길라잡이]

이 지문은 사슴쥐가 워턴에게 고마움의 뜻으로 자신의 목도리를 선물하는 장면이다. 워턴이 도움을 받을 일이 생기면 사슴쥐의 친척들이 도와줄 수 있도록 선물하는 것이다.

보기에서 ①, ④는 목도리의 생김새를 설명한 것으로 정답이 아니다. ②는 목도리를 주고 난 이후의 행동이므로 정답이 아니다. ③은 사슴쥐가 워턴에게 줄 선물을 가지러 가기 위한 행동이었기 때문에 정답이 아니다. 지문에서 '네가 어려운 일을 당하면 반드시 널 도와줄 거야'라고 말하고 있으므로 보기 중 ⑤가 정답이다.

학교에 간 사자

 ### 책을 펴는 아이들(35쪽)

1. [정답]

동	가	안	달
강	때	판	탐
본	찬	장	대
담	담	하	다
벗	양	계	장

① 동강
② 가판대
③ 양계장
④ 탐

2. [길라잡이]

이 문제는 상상해서 말하거나 쓰는 문제이다. 그렇기 때문에 아이들의 상상이 어떠하든 자유롭게 허용하고 그 이유를 듣는 것만으로 충분히 독서 전 활동이 될 수 있다.

[예시답 1]

우리 반에 사자가 전학 온다면 나는 무서울 것이다. 나를 잡아먹을지도 모르기 때문이다. 그러나 나를 물지 않는다면 재미있을 것이다. 사자와 친해지면 사자의 모습을 가까이에서 자세하게 볼 수 있을 것이다.

[예시답 2]

우리 반에 사자가 전학 온다면 신이 날 것이다. 나는 동물의 왕 사자와 친하게 지낼 것이다. 사자와 친해지면 다른 동물들도 무서워하지 않게 될 것이다.

[예시답 3]

나는 우리 반에 사자가 전학 온다면 걱정부터 할 것이다. 아이들과 같이 노는 것도 걱정되고 점심을 먹을 때도 무엇을 먹을지 걱정된다. 그래도 아이가 아니라 사자가 전학을 온다면 기대가 된다. 재미있는 일들이 많이 일어날 것이라고 생각한다.

책을 다시 읽는 아이들(36~37쪽)

[정답]

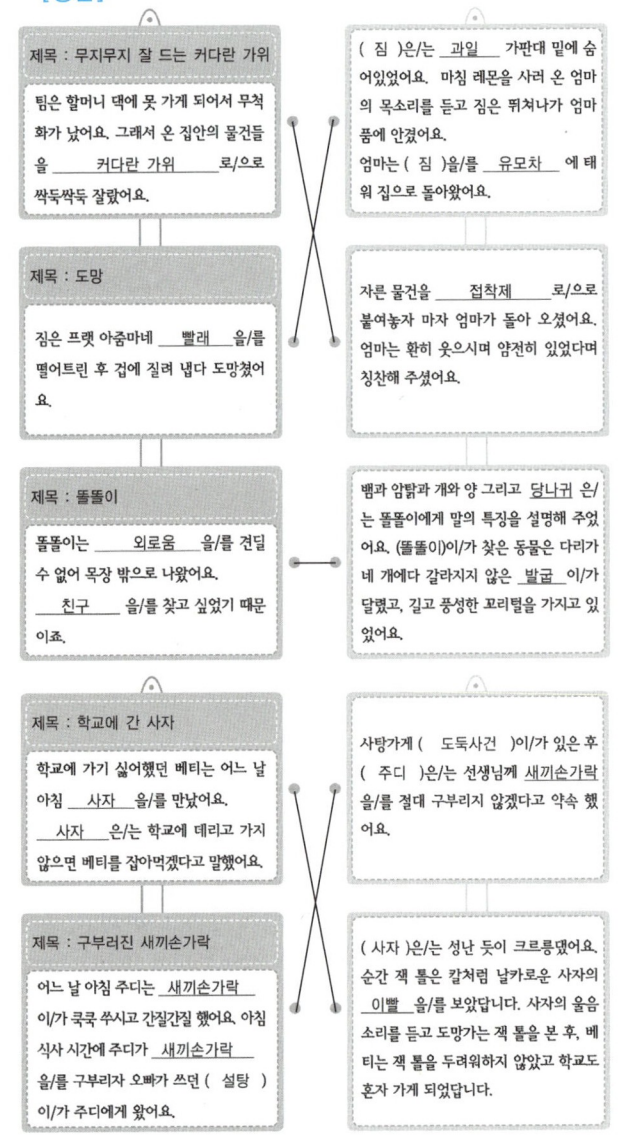

[길라잡이]
다섯 이야기의 인물, 배경, 사건을 중심으로 한 내용 파악을 위한 문제이다. 아이들이 이야기를 여러 편 읽다 보면 내용 정리가 어려울 수 있다. 보기의 핵심어를 중심으로 사건의 원인과 결과를 생각하며 정리할 수 있도록 한다.

 ### 책을 깊게 읽는 아이들(38~39쪽)

1. [예시답]
엄마 : 할머니께서 너 주려고 예전에 만들어 놓으신 거래.(본문 응용)
팀 : 엄마 정말 맛있어요. 저도 할머니가 많이 보고 싶었는데……. 오늘 안 데리고 가서 속상했어요. 그래서 사실은 화가 나서 집안의 물건들을 가위로 싹둑싹둑 다 잘랐어요.

[길라잡이]
화가 났던 팀의 마음을 엿보며 엄마에게 솔직히 고백하는 모습을 자유롭게 생각하도록 돕는다.

2. [예시답]
(도망갔다) / (무서운 생각) / (빨래를 만지지 않았을 것이다.)

[길라잡이]
심리를 추론하는 문제이다. 실수를 하고 도망가던 짐의 마음을 생각해 보며 각자 자유로운 생각을 추측해서 써 본다.

3. [예시답]
잭 톨의 마음 : '사자가 학교에 다시 나타나면 어떻게 하지?' 하는 두려운 마음
베티의 마음 : 두려워하는 모습을 보며 '고소하다'는 마음

4. [예시답]
똘똘이 : (너무 기쁩니다.) / (당나귀) / (외롭지 않고 서로 힘이 돼 주는 친구로 살고 싶습니다.) / (우리 늘 행복하게 살자.)

[길라잡이]
친구를 찾은 똘똘이의 마음을 생각해 보고 답을 적어 본다. 완성된 후 역할극을 통해 똘똘이의 기쁜 마음을 추측해 본다.

5. [예시답]
(남의 것을 훔쳤기) / (사이먼에게 지우개를 돌려주고 사과하렴.)

[길라잡이]
주디가 물건을 훔친 후 왜 마음이 불편한지 생각해 보고 옳고 그름을 판단해 본다.

 ### 책을 내 것으로 만드는 아이들(40~41쪽)

1. [예시답]
팀. 화가 나면 아무도 없는 데 가서 소리를 막 질러 봐. 그러면 화가 풀릴 거야.

[길라잡이]
아이들이 화가 났을 때는 어떻게 기분을 푸는지 생각해 보고 써 보게 한다.

2. [예시답]
친구가 있어서 좋은 점 : 외롭지가 않고 재미있다.
좋아하는 친구와 나랑 닮은 점 : 성격이 비슷하다. 좋아하는 취미가 같다.

3. [예시답]
그 친구의 어려움을 선생님께 말해요. / 내가 학교에 간 사자처럼 학교에 가기 싫어하는 친구를 든든히 지켜 줘요.

[길라잡이]

주제와 관련해 문제 해결 능력을 생각해 보는 문제이다. 어려움을 당한 친구에게 구체적으로 아이들은 어떤 도움을 줄 수 있는지 생각하게 하고 발표를 시켜 본다.

4. [예시답]
   - 아줌마한테 솔직하게 말했을 거예요. 왜냐하면 솔직하게 말하면 내 마음이 편해지기 때문이에요.
   - 용감하게 그 친구 앞에서 놀았을 거예요. 왜냐하면 자꾸 피하게 되면 내가 그 친구를 더 무서워하기 때문이에요.

   [길라잡이]

   문제를 해결하는 방법을 생각해 보는 문제이다. 문제를 해결할 수 있는 근거를 생각해 보도록 한다. 어떤 답이든 이유가 분명하다면 칭찬해 준다.

5. [예시답]
   즐거운 상상을 하면 기분이 좋아져요. 즐거운 상상을 하면 문제가 생길 때 마음이 편해져요.

   [길라잡이]

   주제와 연관된 문제로 즐거운 상상이 어떤 점에서 좋은지 생각해 보고 걱정이 있을 때 긍정적으로 생각하는 것이 어떤 점에서 좋은지 생각을 확장시켜 발표하도록 한다.

 아이들을 위한 PSAT와 LEET(42~43쪽)

1. [정답] | ⑤

   [길라잡이]

   지문을 읽고 세부 내용을 이해하고 파악하는 문제로 사실을 추론하는 문제이다.
   ①은 잭 톨이 넘어뜨린다는 여자아이의 말에 사자가 "누군데? 가르쳐 줘."라고 말하는 것을 보고 사자는 잭톨이 누군지 모르고 있었다는 것을 추측할 수 있다.
   ② 또한 사자의 말 중에 "난 못 쓰러뜨릴걸."이라고 말하는 것으로 보아 사자는 자신이 힘이 세다고 생각한다는 것을 추측할 수 있다.
   ③은 지문 안에 있는 말로 작은 여자아이가 한 말 중에 나와 있다. "이름이 잭 톨인데, 그 애는 일부러 날 밀어서 넘어뜨려."
   ④는 전체 내용을 읽어 보면 쉬는 시간에 놀지 않음을 알 수 있다.
   ⑤는 여섯째 줄을 읽어 보면 사실과 다름을 알 수 있다. 여자아이는 남자아이들 때문에 놀지 않은 것이 아니라, 덩치 큰 아이들과 그중 잭 톨이 무서워 못 놀고 있는 것이다.

2. [정답] | ①

   [길라잡이]

   결론을 이끌어 내는 문제이다. 똘똘이가 친구를 그동안 못 찾았던 근본적인 이유는 자신의 모습과 닮은 말의 모습을 정확히 모르고 있었기 때문이다.
   ②, ③, ④, ⑤는 말을 찾는 데 있어 도움은 될 수 있으나 똘똘이가 정확하게 자신의 모습처럼 생긴 친구 말을 찾는 데는 미흡한 답변이다. 이 문제에서는 친구를 찾을 수 있는 방법으로 가장 적절한 것을 묻고 있으므로 거울을 보고 자신의 생김새와 같은 말의 모습을 찾는 게 답이 된다.

황금 사과

 책을 펴는 아이들(45쪽)

1. [예시답] | 아우성

   [길라잡이]

   다른 단어들은 의성어(쉬잇, 끼익)나 의태어(떼굴떼굴, 우르르, 으스스, 오싹)인데 아우성은 "여럿이서 함께 기세를 올려 악을 쓰며 부르짖는 소리나 그런 상태"를 뜻하는 일반 명사이다. 이 문제는 공통점을 찾는 유개념(다른 개념을 포함하는 개념)과 차이점을 찾는 종개념(다른 개념에 포함되는 개념)을 생각해 보는 문제이다. '쉬잇'은 '떠들거나 큰 소리를 내지 말라고 할 때 길게 내는 소리'이고, '떼굴떼굴'은 '사람이나 물건이 매우 빠르게 굴러가는 모양을 나타내는 말'이다. '우르르'는 '사람이나 동물이 한꺼번에 움직이는 모양을 나타내는 말'이고, '으스스'는 '차갑거나 싫은 기분이 느껴질 정도로 몹시 추운 느낌을 나타내는 말'이고, '오싹'은 '몹시 무섭거나 추워서 자꾸 움츠러들거나 소름이 끼치는 모양을 나타내는 말'이다. '끼익'은 '차가 갑자기 멈출 때 나는 소리'이거나 '문이 슬며시 열릴 때 나는 소리'이다.

2. [정답]
   ① 확인 ② 마법 ③ 툭하면 ④ 의심 ⑤ 괴물 ⑥ 자물쇠 ⑦ 황금 ⑧ 의논 ⑨ 보초 ⑩ 또래 ⑪ 차츰차츰

   [길라잡이]

   독서를 하는 여러 가지 이유 중의 하나는 어휘력 확장이다. 저학년일 때부터 단어의 뜻을 정확하게 알아두어야 고학년이 될수록 문해력(文解力)이 더 성장할 수 있다.

책을 다시 읽는 아이들(46~47쪽)

1. [정답] | 황금 사과나무

2. [정답]
   황금 사과가 열리는 나무라는 것을 알고 황금 사과를 서로 더 많이 가지려고 싸운다.
3. [정답]
   · 마을 한가운데 금을 긋는다. / · 울타리를 친다.
   · 담을 높이 쌓는다.
4. [정답] | ①
5. [정답]
   불신(사람을 믿지 못하는 마음), 서로를 미워하는 마음.
6. [정답] | 괴물
7. [정답] | 공놀이하는 아이들
8. [정답] | 사과

책을 깊게 읽는 아이들(48~49쪽)

1. [예시답]
   · 서로에게 화가 난 모습을 표현하였다.
   · 서로를 의심하고 미워하는 모습을 표현하였다.
   [길라잡이]
   책에 나오는 등장인물들의 얼굴 표정을 잘 살펴본다. 왜 이런 표정을 지었을까? 왜 이런 행동을 할까? 지금까지의 이야기를 잘 떠올려 보고, 마을 사람들의 마음을 생각해 본다.

2. [예시답]
   · 약속한 것보다 더 많은 황금 사과를 갖고 싶기 때문이다.
   · 상대편 마을 사람들이 약속을 지키지 않을 것이라고 의심했기 때문이다.
   [길라잡이]
   만약 내가 이 마을 사람이었다면 어떤 마음이 생겼을까? 약속을 어길 수밖에 없는 까닭을 생각해 보고, 답을 쓸 수 있도록 지도한다.

3. [예시답]
   · 담을 높이 쌓아서 사과나무가 보이지 않았다.
   · 옛날부터 있었던 존재라 왜 있게 되었는지 호기심을 가지지 않았다.
   [길라잡이]
   중요하다고 생각되었던 물건이나 기억들을 떠올려 보고, 지금까지 왜 잊고 살았을까를 생각해 본다. 교사는 아이들의 경험을 발문과 연결시켜 답을 적을 수 있도록 한다.

4. [예시답]
   · 엄마도 옛날 사람들에게 이야기를 전해 들었기 때문이다.
   · 담 너머에 무엇이 있는지 아무도 확인하지도 않고, 또 그 자체를 잊어버렸기 때문이다.

   [길라잡이]
   엄마가 아이에게 왜 이런 이야기를 했을까? 만약 내가 엄마라면 아이에게 어떤 이야기를 들려 줄까? 교사는 교재에 있는 발문 외에 여러 가지 질문을 아이들과 함께 나누면서 엄마의 입장을 이해하도록 한다.

5. [예시답]
   · 황금 사과의 씨를 심어서 황금 사과나무를 많이 키워 열매를 맺으면 나누어 가진다.
   · 사람들이 보는 앞에서 마을의 대표가 사과를 따고 마을 사람 수대로 나눈다.
   [길라잡이]
   여기서는 정말 다양한 답이 나올 수 있다. 법원에 가져가서 재판을 받아야 한다고도 하고, 마을 대표가 따서 사람 수대로 나누어 주고 나무를 베어 버린다고도 하고, 아무도 못 따게 하고 그냥 보기만 한다는 등의 의견이 나올 수 있다. 지도 교사는 아이들의 자유로운 답을 유도하되 윤리에 어긋나거나 현실 불가능한 이야기는 자제시키도록 한다.

6. [예시답]
   · 담 너머 사람들에게 용서를 받고 싶어서 아이의 이름을 '사과'라고 지었다.
   · 주인공의 이름을 '사과'라고 붙인 이유는 서로가 사과하고 사이좋게 지내라는 뜻일 것이다.
   [길라잡이]
   우리말에 '용서를 빈다.'라는 뜻의 '사과한다.'라는 말이 있다. 주인공 아이의 이름을 '사과'라고 붙인 이유도 여기에 있을 것이다. 하지만 저학년 아이들은 사과(용서의 상징)의 의미를 잘 모른다. 교사는 아이들의 답을 모두 인정해 준 다음 '사과'가 용서의 의미가 된다는 것을 알기 쉽게 풀어서 이야기해 주어야 할 것이다.

책을 내 것으로 만드는 아이들(50~51쪽)

1. [예시답]
   사과를 모두 따서 우리 동네 사람들과 옆 동네 사람들 수대로 나누어 준다. 사과가 남으면 불우이웃 돕기 운동에 기부한다. 씨를 받아서 우리 동네도 심고 옆 동네에도 심는다.
   [길라잡이]
   아이들에게 묻는 질문이기 때문에 '어른들에게 도움을 요청한다.'라는 답도 나올 수 있다. 그러나 다른 사람에게 도움을 요청하기 전에 스스로 해결할 수 있는 방법을 생각해 보게 유도한다.

2. [예시답]
   · 올해는 꼭 백 점 맞고 싶다.

· 돈을 많이 모아서 게임기를 사고 싶다.

[길라잡이]

'부자가 되고 싶다.', '공부를 잘하고 싶다.'보다는 좀 더 구체적이고 명확한 표현을 할 수 있도록 지도한다. 목표를 구체화했을 때 자신감이 생기고 목표를 향해 갈 수 있는 길이 보인다.

3. [예시답]
   · 자기 것이 있는데 또 가지려고 하는 것은 나쁘다.
   · 남에게 피해를 주지 않고, 자신에게 이익이 되는 것이라면 좋다.
   · 욕심을 가지면 남에게 피해를 줄 수도 있지만 욕심을 가지지 않으면 발전이 없다.

[길라잡이]

대부분의 아이들은 욕심이 나쁜 것이라고 생각한다. 하나라도 더 가지려고 하면 '욕심부리면 안 돼'라는 소리를 듣는다. 하지만 좋은 욕심도 있다. 9시에 공부를 마쳐야 하지만, 30분 정도 더 욕심을 내서 공부를 한다든지, 줄넘기 100개를 목표로 운동했는데 10개만 더 한다든지 말이다. 아이들이 나쁜 욕심에 대해서만 이야기를 한다면 교사는 좋은 욕심에 대해서도 이야기해 준다.

4. [예시답]
   · 나는 담 너머 문을 열었을 것이다. 어른들 말이 사실인지 확인하고 싶기 때문이다. 부모님께 꾸중은 듣겠지만 궁금증은 해결할 수 있다.
   · 나는 담 너머 문을 열지 않았을 것이다. 어른들의 말은 꼭 들어야 한다. 하지만 어른이 되면 꼭 열어 볼 것이다.

[길라잡이]

자신이 선택한 행동에 대해 왜 그렇게 행동할 것인지 까닭을 꼭 쓰도록 지도한다. 까닭이 자신의 의견을 확실하게 만들어 준다.

5. [예시답]

사과는 담 너머 아이들과 함께 즐겁게 공놀이를 했다. 그 뒤로 사과는 자주 담 너머 아이들과 놀았다. 사과의 소식을 들은 다른 아이들도 사과를 따라 담 너머 아이들과 어울리기 시작했다. 결국 담은 형식적으로만 남게 되고, 마을 사람들은 서로 소통하며 행복하게 산다.

[길라잡이]

뒷이야기를 꼭 쓰기로 연결시키지 않아도 된다. 아이들 한 명씩 돌아가면서 이야기를 이어 나가는 방법도 있고, 다른 아이들에게 이야기를 들려 주는 것도 좋은 방법이다. 제시된 문단과 자연스럽게 연결할 수 있도록 구성한다.

6. [예시답]

안녕하세요? 전 예산에 사는 진현경입니다.
전 마을 사람들의 마음을 이해해요. 만약 제가 그 마을에 살았다면 저도 황금 사과를 많이 갖고 싶을 거예요. 하지만 그것 때문에 싸우는 것은 나쁜 행동이에요. 우리 엄마는 좋은 것은 나누어야 더 많이 가질 수 있다고 말씀하셨어요. 여러분들도 이제부터는 서로 나누고 사세요. 또 잘못한 일이 있을 때는 먼저 사과도 하시고요. 만약 사과라는 아이가 없었다면 아마 여러분들은 평생 담을 사이에 두고 살았을 거예요. 이제는 친해졌으니까 싸우지 말고 사이좋게 사세요. 그럼 안녕히 계세요.

2022년 2월 22일
진현경 올림

 아이들을 위한 PSAT와 LEET(52~53쪽)

1. [정답] | ①

[길라잡이]

이해 능력을 알아보는 내용으로서 설명된 부분을 그림으로 정확히 표현한 것을 찾는 문제이다. ① 동그라미가 동네라고 생각했을 때, 두 동네를 정확하게 반으로 가르는 곳에 나무가 서 있으므로 ①이 정답이다. ②는 동네를 정확하게 반으로 가르기는 했지만 나무가 오른쪽으로 치우쳐 있다. ③ 역시 동네를 정확하게 반으로 가르기는 했지만 나무가 왼쪽으로 치우쳐 있어 오답이다. ④는 왼쪽 동네가 오른쪽 동네보다 좁고, 나무도 동네 밖에 서 있으므로 정답이 아니다. ⑤는 나무가 동네를 반으로 가르는 곳에 서 있지만 왼쪽 동네가 오른쪽 동네보다 넓으므로 정답이 될 수 없다.

2. [정답] | ③

[길라잡이]

지문을 통해 꼬마 아이의 성격을 추론하는 문제이다. ①은 '몸이 오싹거렸지만', '무서운 마음' 등을 볼 때 겁이 많이 나고 있음을 알 수 있다. ②는 '아무도 살지 않는 으스스한 그곳으로 걸어갔어.', '오싹거렸지만 계속 다가갔어.', '무서운 마음을 꾹 누르고 구멍 속을 들여다보았어.'를 볼 때 무섭지만 용기가 있음을 알 수 있다. ③은 꼬마 아이가 참을성이 있는지 없는지는 위의 지문으로 알 수 없기 때문에 옳지 않다. 따라서 정답이다. ④와 ⑤는 올바른 추론의 결과라고 할 수 있다. '으스스한 그곳으로 걸어갔어.', '구멍 속을 들여다보았어.'를 볼 때 호기심이 많다는 것을 알 수 있기 때문이다.

3. [정답] | ④

[길라잡이]

요약하는 문제는 대단히 중요하다. 핵심 파악 능력을 길러 주기도 하지만 일반화하는 능력을 신장시켜 줌으로써 다른 글을 이해하는 데도 도움을 준다. 이 문제는 지문을 요약함으로써 이 책의 중요한 핵심(사건)을 이해할 수 있게 해 준다. 지문 전체를 아우를 수 있는 문장을 찾을 수 있도록 한다.
①은 사실이지만 좁은 의미만 포함하고 있다. 땅바닥에 금을 그은 것은 맞지만 아직 사과를 나누어 가지진 않았다. 따라서 ②는 정답이 아니다. ③은 ①의 문장과 마찬가지로 좁은 의미만 포함하고 있다. ④는 지문의 첫 문장과 마지막 문장까지의 내용을 모두 포함하고 있다. 따라서 이것이 정답이다. 금이 생긴 이유가 황금 사과를 더 많이 갖기 위함이지 더 넓은 땅을 차지하는 것과는 상관이 없다. 따라서 ⑤는 정답이 아니다.

져야 이기는 내기

책을 펴는 아이들(55쪽)

1. [정답] | ③
   [길라잡이]
   '무지'는 아는 것이 없음을 뜻하고 '현명'은 지혜롭고 사리에 밝음을 뜻한다. '평지'는 바닥이 고르게 편편한 땅이고 '비탈길'은 가파르게 기울어진 언덕에 난 길이다. '터무니없다'는 정당한 이유가 없고 허황되고 엉뚱하다는 뜻이고 '확실하다'는 실제 사실과 꼭 맞아 틀림없다는 뜻이다. 이 모두가 서로 반댓말이다. 그런데 '보잘것없다'는 가치가 없고 하찮다는 뜻이고 '하찮다'는 그다지 훌륭하지 않다는 뜻으로서 서로 비슷한 말이다. 따라서 정답은 ③이다.

2. [정답]
   ① 여관 ② 전도사 ③ 역경 ④ 성지 ⑤ 웅변
   ⑥ 경험 ⑦ 간청 ⑧ 첩자 ⑨ 궁리 ⑩ 막막하다
   ⑪ 고래고래 ⑫ 콧잔등
   [길라잡이]
   단어의 뜻을 정확하게 알면 문장의 의미를 더욱 확실하게 알 수 있다. 단어들을 읽다가 어려운 단어라면 사전을 찾아보라고 지도한다.

책을 다시 읽는 아이들(56~57쪽)

1. [정답] | 작은 사슴
2. [정답] | 겁쟁이
3. [정답] | 버터
4. [정답]
   탁자 위의 짤막한 양초가 남아 있는 동안만이라도 아버지를 살려 달라고
5. [정답] | 수탉
6. [정답] | 이솝

7. [정답] | 은행가
8. [정답]
   내가 죽을 때 사랑하는 남편도 함께 죽게 해 주세요.
9. [정답]
   응접실 이쪽에서 달걀 하나를 던져 저쪽 벽난로 위에 깨뜨리지 않고 올려놓는 내기

책을 깊게 읽는 아이들(58~59쪽)

1. [정답]

2. [예시답]
   *자격 조건 : 힘이 세고 다른 동물들이 무서워할 몸집이 큰 동물
   *이유 : 다른 동물들로 하여금 왕의 말을 잘 따르게 하고 왕국을 통치하기 위하여
   [길라잡이]
   숲의 왕이 되려면 어떤 것을 잘해야 하고 어떤 것이 필요한지를 생각해 보고 그런 행동들에 잘 어울리는 동물을 선정해 본다.

3. [예시답]
   * 하고 싶은 말
   ▶힘내라, 넌 꼭 빠져나올 수 있어!
   ▶조금만 더 노력해 봐!
   ▶네가 나오면 맛있는 것 많이 줄게! 등
   * 그 이유
   어렵고 힘든 상황에 처한 개구리에게 힘을 주고 격려해 주기 위해
   [길라잡이]
   격려가 필요한 경우를 상상해 보고 그 경우에 내가 해 주고 싶은 말 또는 내가 듣고 싶은 말들을 적고 왜 그런 말이 힘을 주는지 생각해 본다.

4. [예시답]
   *제목 : 이야기보따리, 생각 보따리, 할머니가 들려주는 생각 이야기, 나라 따라 이야기 따라, 재미난 이야기와 수수께끼, 나를 키워 주는 이야기 등
   *이유 : 짧은 여러 나라의 민담들이 할머니가 들려주는 이야기처럼 재미있고 흥미로우며 수수께끼처럼 문제 형

식으로 되어 있어서
[길라잡이]
여러 가지 이야기들을 아우를 수 있거나 감명 깊은 이야기를 압축하여 표현할 수 있다.

책을 내 것으로 만드는 아이들(60~61쪽)

1. [예시답]
   *지혜로운 인물 : 세종 대왕
   *그렇게 생각한 이유 : 세종 대왕은 백성들을 위하여 한글을 만들었다. 쉽고 단순한 한글은 어리석은 백성들이 편하게 글을 쓰고 읽을 수 있도록 하였다. 세종 대왕의 지혜는 많은 사람들에게 희망을 주었기 때문이다.
   [길라잡이]
   책을 통해서 읽었거나 수업 시간에 배운 내용, 또는 여러 가지 학습을 통해 알게 된 지혜로운 인물을 적어 보고 그 인물의 행동이나 업적에 대하여 적어 본다.

2. [예시답 1]
   *주장 - 모두 새 널빤지로 바꾼 테세우스의 배는 (헌) 배이다.
   *이유 - 왜냐하면 (배는 널빤지 하나만으로 이루어진 것이 아니고 여러 가지 다른 부품이 함께 모여 이루어진 것이다. 널빤지만 새 것으로 바꿨다고 해서 새 배라고 할 수 없기) 때문이다.
   [예시답 2]
   *주장 - 모두 새 널빤지로 바꾼 테세우스의 배는 (새) 배이다.
   *이유 - 왜냐하면 (널빤지는 배 전체의 대부분을 차지하고 있는데, 그것 모두를 새 것으로 바꿨다면 그 배는 새 배라고 할 수 있기) 때문이다.

3. [예시답]
   상인 아내에게
   안녕하세요? 저는 로직아이초등학교 3학년 김기옥입니다. 은행가에게 맡긴 돈을 돌려받지 못해 어려움을 겪는 승려를 도와준 이야기를 들었습니다. 지혜로운 말 한마디로 어려운 문제를 해결할 수 있다니 참 놀라웠습니다. 어떻게 그런 생각들이 나올 수 있을까요? 저의 어머니는 책을 많이 읽으면 똑똑해진다고 하셨는데 혹시 책을 많이 읽으셨나요? 아니면 다른 비법이 있는 것인가요? 저도 커서 남을 도와주는 일을 하고 싶습니다. 그래서 공부 열심히 하고 책도 많이 읽으려고 노력하고 있어요. 어쩌면 저랑 만날 수도 있을 것 같아요. 비슷한 일을 하면 만날 기회도 많아지잖아요. 만약 저를 만나면 꼭 기억해 주세요. 그럼 안녕히 계세요.

   　　　　　　　　　　　2020년 11월 1일 김기옥 올림

[길라잡이]
책 속에 등장하는 여러 인물 중에서 가장 기억에 남거나 감동받은 인물을 고른다. 그 인물이 등장하는 이야기를 나와 연결 지어 나의 느낌, 만약 나라면, 또는 앞으로의 나의 변화 등을 편하고 자연스럽게 이야기하듯이 편지로 적어본다.

4. [예시답]
   소리 없는 아우성, 어두운 태양, 무서운 천사, 착한 도둑, 반가운 살인자, 뜨거운 얼음 창고 등

아이들을 위한 PSAT와 LEET(62~63쪽)

1. [정답] | ②
   [길라잡이]
   아들이 산 것은 속살은 먹고, 즙은 마시고, 껍질은 소에게 먹이고, 씨는 마당에 심을 수 있어야 한다는 모든 조건을 충족해야 한다.
   ① 밤은 즙이 없다. ③ 딸기는 껍질이 없다. ④ 바나나는 씨가 없다. ⑤ 파인애플은 껍질을 소에게 먹일 수 없다. 그러나 ②의 수박은 속살도 있고, 즙을 마실 수 있고, 껍질도 먹을 수 있으며 씨는 마당에 심을 수 있다. 따라서 정답은 ②이다.

2. [정답] | ③
   [길라잡이]
   이 문제는 근거를 찾는 추론 문제이다. 까르멜리따가 온 나라 사람들과 왕의 사랑을 받은 이유는 까르멜리따는 왕이 감탄할 정도로 영리하고, 수수께끼도 잘 풀었고, 사람들의 어려움을 잘 해결해 주었기 때문이고, 왕이 공정하지 못한 결정을 내렸을 때 왕의 마음을 바꾸도록 충고해 주었기 때문이다. 그런데 왕의 잘못을 밝혀낸 것은 왕이 몹시 화가 나도록 만든 것의 근거일 뿐이다. 또한 그것이 까르멜리따가 왕의 사랑을 받은 것과는 거리가 멀다. 따라서 정답은 ③이다.

3. [정답] | ④
   [길라잡이]
   화를 잘 내는 것을 왕의 성격을 나타내는 단어로 생각하기 쉽지만 왕이 화를 내게 된 원인이 까르멜라따가 왕의 잘못을 밝혀내었기 때문이므로, 왕의 성격이 화를 잘 내는 성격이라고 보기는 어렵다. 따라서 ①은 정답이 아니다. 왕은 부끄러움을 타는 성격도 아니다. 예쁜 여자와 결혼하기보다는 영리한 여자와 결혼하려고 한다. 그런데 자신이 멍청해서가 아니라 "자신만큼 영리한 사람"과 결혼하고 싶어 한다. 따라서 ②와 ③은 정답이 아니고, ④가 정답이다. ⑤는 본문과 크게 상관이 없다.